NOTICE

SUR

202

L'HOTEL-DIEU DE BEAUJEU

AVEC UNE LISTE DES BIENFAITEURS

Par E. LONGIN

Statuts — Pièces Justificatives

A BEAUJEU, CHEZ L'AUTEUR

VILLEFRANCHE
LIBRAIRIE RELIGIEUSE
NOËL-GARNIER
rue Nationale, 190

LYON
LIBRAIRIE ANCIENNE
Louis BRUN
rue du Plat, 18

1898

NOTICE

SUR

L'HÔTEL-DIEU DE BEAUJEU

AVEC UNE LISTE DES BIENFAITEURS

Tiré à petit nombre aux frais de l'auteur

dont 25 exemplaires numérotés sur papier de Hollande

FAÇADE DE L'HOTEL-DIEU DE BEAUJEU (COTÉ DU JARDIN)

Les deux premières fenêtres du premier étage, à gauche, sont celles de la salle Sainte-Madeleine, et les deux suivantes celles de la galerie faite en même temps que cette salle en 1863-1864.

Les cinquième et sixième appartiennent à la salle Sainte-Marthe, les septième et huitième à deux chambres qui ont pris la place de la maison Teillard ; le tout construit de 1792 à 1804.

Les trois fenêtres suivantes, neuvième, dixième et onzième, éclairent le bâtiment achevé en 1759.

Les cinq autres fenêtres (douzième à seizième), sont celles du corps de bâtiment élevé par la Mère Escallier en 1847.

Enfin, les cinq dernières font partie de l'aumônerie bâtie en 1868.

NOTICE

SUR

L'HOTEL-DIEU DE BEAUJEU

AVEC UNE LISTE DES BIENFAITEURS

Par E. LONGIN

Statuts — Pièces Justificatives

A BEAUJEU, CHEZ L'AUTEUR

VILLEFRANCHE	LYON
LIBRAIRIE RELIGIEUSE	LIBRAIRIE ANCIENNE
NOËL-GARNIER	Louis BRUN
rue Nationale, 190	rue du Plat, 13

1898

AVERTISSEMENT

Au mois de mars de l'année dernière ont été installées, à l'Hôtel-Dieu de Beaujeu, des tables de marbre sur lesquelles sont gravés les noms de tous les anciens donateurs connus et des principaux bienfaiteurs modernes de ce charitable établissement.

En souvenir de cet événement, il a paru utile de publier la liste entière des donateurs, d'où l'on a extrait les noms gravés sur le marbre et qui renferme, en un résumé, la nature et l'importance de la donation faite par chacun d'eux. C'est là, sans doute, le meilleur moyen de seconder les vues de la personne généreuse qui a fourni les fonds pour l'exécution de cette excellente idée d'une inscription publique, et de ceux qui ont décidé le projet ou travaillé à sa réalisation. En effet, répandre davantage la connaissance des donateurs et de leurs bienfaits, c'est exciter les âmes charitables à les imiter.

Il est à propos de faire deux remarques sur les donations les plus anciennes. Elles paraissent, au premier coup d'œil, si minimes qu'on serait tenté de se demander pourquoi je les ai inscrites sur la liste. Mais, en réalité, elles sont plus importantes qu'elles n'en ont l'air. L'argent, à cette époque reculée, avait une valeur bien plus consi-

dérable qu'aujourd'hui et, par conséquent, des dons de
deux et de cinq sous, qui nous semblent presque ridicules,
formaient autrefois des sommes respectables que des per-
sonnages riches et considérés, comme on en peut juger
par leur nom et leur position sociale indiqués sur notre
liste, se faisaient un devoir de remettre à des œuvres charitables. De plus, au point de vue historique lui-même,
j'ai jugé bon et utile de n'exclure aucun des bienfaiteurs
de ces temps éloignés, si faible que fût leur donation. Ils
sont les témoins de l'ancienneté de l'hôpital; et, pour un
établissement de ce genre, c'est un honneur de remonter
si loin, honneur qui rejaillit sur notre petite ville.

Quant aux donations de mobilier, comme bois de lit et
objets de literie, elles étaient très appréciées dans ces
temps où l'industrie était peu développée. Celles qui
figurent sur notre liste ont certainement plus de valeur
que la plupart des donations d'argent faites par les autres ·
bienfaiteurs. Nous en avons la preuve dans ce fait que Jean
Bruillaz (qui avait légué deux sous à l'Hôtel-Dieu en 1277)
ayant fait un don de ce genre à l'une de ses nièces, lui
imposa comme condition de payer vingt sous à différentes
œuvres ; le don en question valait donc plus que cette
somme. Une autre preuve, c'est que nous voyons Jean Le
Duc donner en l'année 1337 à l'hôpital, avec faculté de
choisir, un lit garni d'un matelas, d'un coussin et de deux
draps, *ou bien vingt sous.* Cette somme était donc, à peu
près, l'équivalent de tous ces objets qui dépassent en
valeur toutes les donations en argent de notre liste.

De l'année 1240 à l'année 1700, j'ai cité tous les noms
des donateurs trouvés dans les archives de l'hôpital, avec
le chiffre de leurs donations, quelque minime que fût ce
chiffre. A partir de 1700, pour me conformer au désir de

l'administration, j'ai mentionné seulement les bienfaiteurs qui ont donné au moins 400 livres. Il n'a été fait d'exception que pour deux donations plus faibles, datant de l'an II, parce que ce sont les seules de la période révolutionnaire. Ceux qui ont donné des sommes inférieures seront inscrits sur une liste supplémentaire, avec l'indication sommaire de leur don. Dans cette seconde liste, on trouvera les noms de trois bienfaiteurs qui auraient dû avoir leur place sur la première et sur la table de marbre ; ils n'y figurent pas parce que, découverts postérieurement aux autres, ils ont été les victimes d'une omission regrettable à la suite d'un malentendu qu'il n'a pas dépendu de moi d'éviter.

En ce qui concerne la date des fondations et des donations, il a paru préférable de choisir le jour où elles ont été faites, et non pas celui de l'entrée en jouissance de l'Hôtel-Dieu qui quelquefois, pour les legs ou donations testamentaires, n'a eu lieu que huit, dix et même quinze ans plus tard. La raison de ce choix, c'est qu'on ne connaît que très rarement la date de l'entrée en possession, et avec elle, par conséquent, il aurait été impossible de dater la plupart des donations.

J'espère que le lecteur, se rendant compte du travail considérable qu'a exigé la confection de cette liste des bienfaiteurs, sera plus indulgent pour les erreurs et les oublis qui auront pu s'y glisser. L'auteur a dû parcourir tous les registres et dossiers des archives de l'hôpital et revoir plusieurs fois certains titres. Il est facile, dans de pareilles recherches, de se tromper quelquefois, surtout quand il s'agit de dates.

Ma première pensée avait été de publier cette liste seule ; ensuite, à la réflexion, il m'a semblé nécessaire de la faire précéder d'une courte notice historique, dans le but de faire connaître l'établissement que les bienfaiteurs avaient voulu favoriser de leurs dons. Ainsi qu'il arrive souvent, cette notice, qui ne devait avoir que quelques pages, s'est allongée, dans le travail de la composition, bien au-delà des limites primitivement fixées, grâce aux nombreux documents trouvés dans les archives hospitalières. Et encore suis-je loin d'avoir épuisé le sujet. Là où il aurait fallu élever un monument considérable, je n'ai fait qu'un modeste édifice ; simple esquisse qui retrace seulement le côté matériel de l'œuvre, corps sans âme, en quelque sorte.

Je laisse à un autre plus expérimenté et plus éloquent le soin de raconter l'œuvre en entier et, surtout, de mettre en pleine lumière le principe actif qui l'anima à travers les siècles. La charité, l'esprit de sacrifice et de dévouement, telle est l'âme qui la soutint dans des difficultés de tous genres et la fit sortir non seulement intacte, mais plus grande et plus forte, d'une série de longues et dures épreuves.

L'entrée des Sœurs hospitalières transforma complètement l'Hôtel-Dieu qui, à ce moment, avait cessé d'être un véritable hôpital pour devenir une sorte de bureau de bienfaisance, car la réception et le soin des malades y étaient l'exception ; on y distribuait plutôt des secours aux indigents. Avec l'arrivée des Sœurs commença la fondation des lits qui assurait un revenu pour l'entretien des malades, et leurs soins éclairés et dévoués, joints à la bonne administration de la maison, engagèrent les bienfaiteurs à faire de nouvelles fondations et à augmenter le nombre des lits. Il est donc juste de faire connaître les statuts et règlements d'après lesquels se réglaient et se conduisaient les auteurs d'un si heureux changement ; ils seront publiés à la suite de la liste des bienfaiteurs.

Enfin, ce petit ouvrage se terminera par un appendice qui renfermera diverses pièces intéressant l'histoire de l'hôpital, entre autres l'état de ses revenus et de ses dépenses. Ces pièces serviront de preuves au récit historique.

Quant à l'utilité de donner l'état des revenus à différentes époques, elle ne paraît pas contestable. Ces revenus, fort modiques d'abord, ne s'accrurent que très lentement. Il y a un siècle, ils étaient loin d'être considérables ; en les comparant avec ceux de nos jours, on sera mieux à même de mesurer l'immense progrès réalisé. La modeste maison qui ne pouvait entretenir, tant bien que mal, qu'un petit nombre de malades, avec des ressources aléatoires, est devenue, malgré les pertes considérables subies à la Révolution, un grand établissement où, en plus de cinquante lits fondés, il y a place pour une quantité de malheureux à qui l'on prodigue les soins les plus éclairés de la science avec tout le dévouement de la charité.

Puisse la lecture de ce recueil attirer la bienveillance et la générosité du public en faveur d'un établissement qui, sorti d'une petite semence et après avoir longtemps végété, a crû tout à coup comme un grand arbre, grâce à la bénédiction divine et à la sympathie effective d'une foule de gens de bien.

Beaujeu, le 21 mars 1898.

NOTICE

SUR

L'HOTEL-DIEU DE BEAUJEU

L'Hôtel-Dieu de Beaujeu est très ancien, mais il est impossible de donner, même approximativement, la date précise et certaine de sa fondation, les documents de cette époque faisant absolument défaut. On ne peut que citer une date plus ou moins rapprochée de son origine. D'après les règles et les statuts du 20 juin 1720, il aurait été fondé plus de quatre siècles auparavant, c'est-à-dire avant l'année 1320. Une autre pièce constate même son existence en 1240[1]. Dans son testament, écrit à cette dernière époque, messire Robert de Trémont le nomme en lui léguant un *lit garni*. C'est le plus ancien document connu jusqu'ici où figure le nom de l'hôpital de Beaujeu. Ce nom se retrouvera encore mentionné de loin en loin dans d'autres testaments postérieurs, et c'est tout ce que nous savons de son histoire en ces temps reculés.

[1] A cette occasion, je signalerai l'erreur commise dans l'inscription gravée sur marbre au-dessous des deux fenêtres en descendant le grand escalier : *Hôpital de Beaujeu, fondé en 1240.* C'est là la date, non pas de sa fondation, mais de la première donation *que nous connaissons.* L'hôpital est certainement antérieur à cette fondation et à toutes celles qui ont pu être faites bien auparavant, quoique nous les ignorions. A mon avis, on aurait dû mettre sous la première fenêtre : *Hôpital de Beaujeu, fondé au XIIe siècle,* et sous la seconde : *Reconstitué et rebâti de 1685 à 1705.*

M. C. Guigue, dans son excellent ouvrage *Les Voies antiques du Lyonnais*, assure qu'il y avait alors deux hôpitaux à Beaujeu, l'un au bourg Saint-Nicolas, l'autre dans la ville. L'impossibilité de la coexistence de ces deux maisons est démontrée par le fait seul que la ville et le bourg Saint-Nicolas ne sont qu'une même chose. Du reste, la lecture attentive du testament, sur lequel cet auteur appuie son assertion, montre qu'il s'agit en réalité du même hôpital, désigné par deux noms différents et auquel, sous le premier, le testateur fait d'abord un don indirect, et ensuite, sous le second, un don direct de 10 sols[1].

Quant à ses fondateurs, nous ne pouvons que faire des suppositions plus ou moins certaines. Les sires de Beaujeu furent très probablement les premiers et les principaux d'entre eux. Leur générosité si connue, et qui se manifesta par tant de fondations religieuses et charitables, dut les pousser sans doute à doter leur première capitale d'une institution aussi nécessaire.

L'Hôtel-Dieu devait payer chaque année différents servis aux rentes du Prince dans les prévôtés de Beaujeu, de Varennes et d'Aloignet, à cause de certains biens dont l'origine ne nous est pas connue. On peut se demander

---

[1] Voici le passage du testament pris sur le texte original : « Item ecclesie Bellijoci.. do, lego pro anniversario meo., LX libras vien.; ...et in dicto anniversario percipiant imperpetuum canonici... videlicet XII d. vien. et unam libram vini, *capellanus* S. Nicholai de burgo Bellijoci et vicarius, singuli ipsorum XII d. vien. et unam libram vini.. *hospitale* prefati burgi XII d. vien. et unam libram vini... Item conventui Grandis Montis, hospitali Bellijoci, maladarie de Revelan, cuillibet X s. vien. » (Armoire Agar II, n° 8). Or, dans *Les Voies antiques*, page 85, à la place des mots en italique, on lit : « *Capellanis* S. Nicholai de burgo Bellijoci..; *hospitali* prefati burgi, » ce qui change absolument le sens et fait conclure nécessairement à l'existence de deux hôpitaux. Là est l'origine de l'erreur.

si quelques-uns de ces biens ne provenaient pas de la libéralité des anciens seigneurs du pays, qui les lui auraient donnés sous la condition du paiement de ces redevances[1], car il n'existe à leur sujet aucune trace d'achat ou de donation postérieure.

Le chapitre de Beaujeu dut également prendre une part très importante à sa fondation. Ce qui le prouve, c'est qu'il conserva des droits bien définis à la direction de cet établissement. Ainsi, c'est à son dignitaire sacristain qu'appartenait, au moins en partie, la nomination de l'*hospitalier* ou officier chargé du service de la chapelle et de l'hôpital. Nous avons un acte de nomination faite par le sacristain, en 1507, à cet office d'hospitalier[2].

Le chapitre possédait aussi la chapelle Notre-Dame, dont il nommait le chapelain et qui était contiguë à l'Hôtel-Dieu. Plus tard, il annexa cette chapelle à celui-ci ; cette annexion, qui aurait dû affermir son droit de nomination de l'hospitalier, contribua au contraire à le ruiner, comme nous le verrons plus loin.

Tout près de là, le chapitre avait encore le *Clos de l'hôpital*, composé de maisons, celliers, granges, avec des jardins, vignes et verchères[3]. Il lui avait été donné par Hugues de Piseys, doyen de l'église primatiale de Lyon et chanoine de Beaujeu. Un autre bienfaiteur, Humbert de Vernay, lui donna également la moitié du mas de Revolon. Tous ces biens furent plus tard rattachés à l'Hôtel-Dieu et, pour cette raison, le chapitre peut être considéré comme le principal bienfaiteur de cet établissement

---

[1] Voir à l'appendice n° 1 le tableau de ces trois rentes.

[2] Cet acte se trouve à l'appendice n° 2.

[3] On peut lire à l'appendice n° 3 un acte d'asservissement de ce clos de l'hôpital en 1331.

De leur côté, les bourgeois et bons habitants de la ville aidèrent, autant qu'ils purent, sinon à sa fondation, du moins à son développement. Ce furent même eux, selon un *factum* du chapitre, qui firent bâtir et fondèrent l'*hospitalerie*, tout contre les murs de la chapelle. Ce voisinage fut l'occasion de longues querelles entre les chanoines et la ville au sujet de leurs droits respectifs, les premiers cherchant à maintenir les leurs contre les empiètements de la seconde ; mais, dans cette circonstance comme en beaucoup d'autres, le pouvoir civil finit par l'emporter sur l'autorité ecclésiastique.

Les échevins, du reste, si l'on en croit les accusations du chapitre, s'y prirent fort habilement pour faire réussir leurs prétentions incertaines. Ils commencèrent d'abord par gagner à leur cause l'un des sacristains, qui consentit à les avoir pour associés dans son droit de collation à la chapelle et à l'hospitalerie. C'est, du moins, ce dont les accuse formellement le chapitre. En fait, cependant, il existe un acte de 1489 par lequel ils nomment, de concert avec le sacristain, le recteur et hospitalier [1]. Or, il faut bien l'avouer, rien dans cet acte ne laisse apercevoir l'ambition et les moyens prétendus illégitimes dont se seraient servis les échevins pour arriver à leur but.

D'après une autre accusation du chapitre, afin de mieux colorer leur dessein, ils auraient joint, pendant quelque temps, les revenus de l'hospitalerie à ceux de la chapelle voisine et en auraient laissé d'abord le gouvernement à l'hospitalier, nommé de concert avec le sacristain. Puis, grâce à la complicité de ce dernier qui, étant de Beaujeu, voulait favoriser la ville, ils s'emparèrent de la nomina-

---

[1] Voir à l'appendice n° 4 l'acte de cette nomination.

tion même de l'hospitalier et finirent par aliéner les revenus de la chapelle du chapitre pour augmenter ceux de
leur hospitalerie.

Les chanoines résistèrent longtemps à ces prétentions,
et dans ce long procès il y a plusieurs choses obscures
qu'il est difficile d'expliquer. Tout n'était pas cependant
sans fondement dans leurs accusations, car ils osèrent les
reproduire dans une requête adresssée au roi Louis XII,
qui, par ses lettres royales de 1506, en renvoya l'examen
au bailli de Mâcon. Celui-ci, deux ans plus tard, rendit
une décision qui maintenait, en attendant le jugement
définitif, dans la possession de l'Hôtel-Dieu le chapelain
nommé par le chapitre, et obligeait celui de la ville à se
retirer[1]. Cette décision, toute en faveur du chapitre, fait
présumer le bien fondé de ses droits. Nous ignorons
quelle fut la suite de cette affaire.

Peu à peu, les échevins et les bourgeois de Beaujeu
finirent par s'attribuer la part principale et presque exclu-
sive dans la direction de l'hôpital. La charge d'hospitalier, dont le titulaire avait été nommé d'abord par le
sacristain seul, puis par le sacristain de concert avec les
échevins, ne tarda pas alors à disparaître et fut rempla-
cée par deux ou trois recteurs élus; j'ignore en quelle
année eut lieu ce changement. Les plus anciens recteurs
dont j'ai rencontré les noms sont Philibert Garil, garde
du sel du Beaujolais, et Jehan Faure en 1596.

Ces recteurs, nommés pour trois ans par les notables,
furent le plus souvent, jusqu'en l'année 1693, au nombre
de deux seulement ; quelquefois, mais rarement, on en

---

[1] Malgré leur longueur, j'ai cru devoir reproduire en entier les
lettres patentes du roi et la décision du bailli, au n° 5 de l'appendice.

compte trois. C'étaient ordinairement des bourgeois, marchands ou officiers de la ville ; je n'ai trouvé parmi eux, dans l'espace d'un siècle, de 1596 à 1700, que cinq chanoines du château ou prêtres des églises Saint-Nicolas et Saint-Martin. Ils représentaient donc plutôt la partie civile de la population [1].

A partir de 1693 et de la réorganisation de l'hôpital, on nomma trois recteurs au lieu de deux [2]. Le premier d'entre eux, président du bureau, était choisi parmi les chanoines, soit en souvenir de l'ancienne prépondérance de ces derniers, soit plutôt en reconnaissance de la grande part qu'ils avaient prise à la reconstitution de l'Hôtel-Dieu [3]. Ils étaient nommés pour trois ou quatre ans par le bureau, aux séances duquel le juge et les échevins étaient priés d'assister. Ce bureau se composait donc ordinairement des trois recteurs, du juge, ainsi que des deux consuls de Beaujeu.

Ce régime dura jusqu'en 1735, année où furent accordées par le roi les lettres patentes de confirmation de l'hôpital. D'après la teneur de cet acte, le bureau devait

---

[1] Le lecteur trouvera insérée à l'appendice n° 6 la liste des noms de tous les plus anciens recteurs que j'ai pu découvrir dans les archives de l'Hôtel-Dieu.

[2] J'ai placé ce changement en l'année 1693, sur le témoignage d'un cahier de notes qui appartient aux Dames hospitalières et dont une partie a été très vraisemblablement prise sur le premier registre des Délibérations de l'Hôtel-Dieu, aujourd'hui perdu. Cette date est encore confirmée par un acte capitulaire de la collégiale de Beaujeu, du 24 décembre 1693, approuvant le concordat passé le 6 du même mois avec les habitants, pour « instituer un bureau de trois recteurs, dont le chef et le président seroit toujours un chanoine choisy par ledit chapitre pour trois ans, et de deux habitans nommés de la part de la ville pour un an, avec un receveur recéant et solvable ». (Actes capit. de 1693, f° 28 r°.)

[3] Le n° 7 de l'appendice contient une délibération du chapitre procédant à la nomination du second président des recteurs.

être formé de cinq directeurs nés, savoir le juge ou prévôt de Beaujeu président, le procureur fiscal, les deux
consuls et un des membres du chapitre. Il y avait, en
outre, deux directeurs électifs, choisis dans les assemblées
générales de la ville.

Ces lettres patentes, comme on le voit, avaient main-
tenu dans le bureau un membre du chapitre, mais elles
lui avaient retiré la présidence en lui donnant le dernier
rang des directeurs nés. Blessé dans sa dignité par cette
sorte de déchéance, le chapitre s'abstint, depuis cette
époque, d'envoyer au bureau aucun de ses membres, ainsi
qu'il avait le droit de le faire. Le bureau, s'étant aperçu
que cette abstention faisait du tort à l'hôpital en éloignant
les aumônes et les donations, résolut en 1745, d'accord
avec l'assemblée de la ville, d'inviter le chapitre à nommer
de nouveau l'un des siens recteur, en assurant à ce dernier la première place après le juge, président de droit,
avec la faculté de présider à sa place en son absence.

Pendant de longs siècles, les biens et les revenus de
l'Hôtel-Dieu, comme de tous les établissements similaires,
furent des plus modestes, en rapport avec le peu de fortune et de richesses publiques. Dans les testaments les
plus anciens qui nous sont parvenus, nous voyons que
les legs se composaient principalement d'une somme d'argent et d'objets de literie ou d'habillement ; deux testa-
teurs seulement lèguent un revenu annuel. A la fin du
XIVᵉ siècle, deux autres lui donnent quelques biens fonds,
parmi lesquels une vigne, aux Étoux, appelée l'*Hôpital*,
et que, en raison de ce nom, l'on suppose, à tort peut-
être, avoir contenu autrefois la maison de l'hôpital. Au
XVᵉ siècle, les donations de biens se multiplient : on trouve

dans la liste des testaments six bienfaiteurs qui donnent tout ou partie de leur fortune, dans laquelle il devait y avoir des terres. La plupart, cependant, continuent à léguer des sommes d'argent ou des revenus annuels.

Le domaine de l'hôpital n'était donc encore guère considérable au commencement du xviiie siècle; il ne se composait que de quelques vignes ou terres situées à Beaujeu et aux Étoux, dont tout le rendement ne s'élevait pas à 500 livres. Voici, du reste, écrite, si je ne me trompe, par Bessie de Montauzan, doyen du chapitre, une brève notice sur l'Hôtel-Dieu, dans laquelle on lira l'énumération de son revenu total qui, de 1700 à 1706, se montait à 804 livres [1] :

« L'hôspital de Beaujeu est très ancien, mais, n'y ayant jamais eu d'établissement pour y faire servir des pauvres malades, le revenu s'en est toujours consommé en aumônes que l'on distribuoit par la ville.

« Tout le revenu en a été amodié pendant vingt-quatre années, finies en 1700 inclusivement, au sieur Louis Brac, procureur et notaire royal dudit Beaujeu, au prix, pour chaque année, de... (ce prix n'a pas été mis).

« Et il y avoit de pensions asseurées pour chaque année . . . . 326 l.

« Le Terrier . . . . 20 l.

« Les fonds que l'on a amodiés en 1701, pour six ans, et en 1707, pour autres six ans, montent par an à . . . . 450 l.

---

[1] A partir de 1706, le revenu fixe de l'hôpital s'éleva à 1300 livres chaque année, ainsi qu'il apparaît par un compte établi au mois de janvier 1707, que je rapporte à l'appendice n° 8 avec l'état de la dépense de la même année. Je le fais suivre de plusieurs déclarations de revenus et mémoires de meubles et linges à différentes époques.

« Les huit mesures de froment, que l'on n'es-
time que 8 livres et qui en ont valu plusieurs
années plus de 20. . . . .   8 l.

    « Somme totale. . . . . 804 l.

« En 1700, l'on fit finir ladite ferme et l'on amodia
seulement les fonds 450 livres.

« L'on a levé les pensions pendant six ans, qui se sont
montées par an à 326 livres.

« En ladite année 1700, le sieur Bessie, doyen de
Beaujeu, estant récteur dudit hospital avec messieurs
Brac le médecin et Pressavin, ils firent, par un résultat
de la ville, commencer le bastiment dudict hospital, duquel
la salle pour mettre les malades estant en estat et un autel
élevé au bout, l'on demanda permission à Monseigneur
l'évesque pour faire bénir la chapelle, laquelle fut bénite
par ledit sieur doyen le... du mois d'aoust 1705, en
suite de la permission de Monseigneur l'évesque.

« Au mois de [mars] 1705, il y eut une assemblée de ville
dans ledit hospital par lequel M^{rs} le doyen, le curé, etc.,
furent commis pour aller à Villefranche tascher d'obtenir
de Messieurs de Villefranche une ou deux de leurs Sœurs
hospitalières, pour venir establir celuy de Beaujeu conformément à celuy de Villefranche ; ce qu'ils obtinrent desdicts sieurs de Villefranche, par acte et résultat de leur
bureau des pauvres [le 26e may] 1705. Ce fut la Sœur Fratrais, laquelle vint estre supérieure, et la Sœur Christine
Pressavin, laquelle estoit novice audit Villefranche. Le
traité fait par Messieurs de Beaujeu avec Messieurs du
Conseil des pauvres de Villefranche est en datte du 28e may
1705.

« En suite de quoy, ils obtinrent de Monseigneur
l'évesque la permission d'establir lesdictes Sœurs de Ville-

franche conformément à leur institut. Sur quoy, lesdictes
Sœurs estant venues audict Beaujeu, les sieurs de la ville
de Beaujeu traittairent (*sic*) avec ladite Sœur Fratrais et
luy remirent le gouvernement dudit hospital pour avoir
soin des pauvres. Le contrat passé par Messieurs les recteurs dudit hospital avec ladite révérende Sœur Fratrais
est daté du 18 janvier 1706. »

J'ai cru bien faire de reproduire en entier cette courte
notice, parce qu'elle est d'un auteur contemporain et
aussi parce qu'elle résume l'histoire du nouvel Hôtel-Dieu
et de l'installation des Sœurs que nous développerons plus
loin.

Dans la première phrase cependant de son article, le
bon doyen commet une erreur qu'il importe de relever. Il
assure qu'il n'y eut jamais à l'hôpital d'établissement
pour y faire servir les pauvres malades et que « le revenu
s'en est toujours consommé en aumones que l'on distribuoit par la ville ». Les statuts de 1720 répètent la même
chose. Tous deux généralisent beaucoup trop.

Plusieurs raisons prouvent, en effet, qu'on recevait à
l'hôpital des malades qui y étaient alités :

1° Le mot d'hôpital, qui signifie précisément une maison où l'on soigne les malades indigents.

2° Plusieurs testaments anciens font mention de lits et
d'objets de literie donnés à l'Hôtel-Dieu. Ces sortes de
dons ne semblent avoir été faits qu'en vue de malades
logés dans cet établissement.

3° Plusieurs comptes et autres livres disent formellement qu'il y avait des malades soignés dans la maison
même. Ainsi, le vieil inventaire de 1559 mentionne sept
lits placés dans la salle basse. De même, au livre de
compte commencé en 1658, notamment aux folios 3 v° et 6,

il est question plusieurs fois de matelas et de paillasses faits pour les *lits* de l'hôpital Deux fois aussi il y est question de *drogues* et *médicaments* fournis aux pauvres de l'Hôtel-Dieu par Crespin Denis, maître apothicaire, une première fois pour 5 livres et une seconde pour 12 livres.

Dans le compte commencé en 1664, sont énumérées plusieurs aumônes faites à des gens *malades à l'hôpital.* On y lit encore : « Donné à un malade qui estoit à l'Hostel-Dieu, qui mourut, 20 solz. Donné à un soldat malade à l'Hostel-Dieu, 15 solz. Donné à Jacques Barbier, pélerin malade à l'Hostel-Dieu, 10 solz. Donné à un pauvre malade à l'hospital, perdant tout son sang, 15 solz. Donné à une pauvre accouchée à l'Hostel-Dieu, 10 solz », etc. Ce soin à signaler cette particularité, quand elle se présente, est d'autant plus significatif que dans la plupart des cas les aumônes sont inscrites simplement comme ayant été faites à des pauvres. Quand donc il est dit que des pauvres *sont malades à l'hôpital,* c'est que ces malades y étaient soignés.

Enfin, dans ce même compte de 1664, est inscrite une charge de paille *pour les lits* au prix de 2 l. 10 s., et on parle de « 6 solz de *baloffe* achepté pour faire un chevet ».

Tout n'est pas faux, cependant, dans l'assertion de Bessie et de l'auteur des statuts. La chose vraie qui leur a fourni l'occasion de commettre une erreur, pour avoir trop généralisé, c'est que, de leur temps et nombre d'années auparavant, « les consuls et les recteurs en distribuoient les revenus aux plus nécessiteux et principalement aux malades », comme disent les statuts. L'Hôtel-Dieu était tombé dans un tel état de délabrement faute d'entretien, la salle des malades était devenue si humide et si malsaine, qu'on avait dû renoncer à y soigner les malades et qu'on employait les revenus à faire des distributions d'argent et de vivres aux plus nécessiteux,

Cet usage des distributions paraît dater de la grande famine, suivie de peste, des années 1628 à 1631. C'est à cette époque que remonte la première liste des pauvres auxquels on faisait l'aumône, et cette liste porte en titre : « Noms et surnoms des pauvres estantz à présent en ce lieu de Beaujeu, au nombre de 240 *bouches*, ausquelz a esté ordonné leur donner, à chacung d'eux, une livre de pain. » A la fin de cette liste est écrite l'ordonnance suivante, qui prouve clairement qu'il s'agissait purement d'une mesure transitoire imposée par la famine, et non pas d'un usage déjà établi.

« Veu le susdit rolle et *l'urgente nécessité et disette* des susnommez, résidantz audit Beaujeu, à la réquisition des échevins et habitantz dudit Beaujeu, ouys par devant nous de vive voix, joinct avec eux le procureur fiscal de Son Altesse, il est enjoinct à sieurs Louis Faure et Claude Moyroud, recteurs de l'Hostel-Dieu dudit Beaujeu, de distribuer auxdits pauvres susnommez, à chacun d'eux, une livre de pain de soille, deux fois la sepmaine, assavoir les jours de lundy et de vendredy, à l'heure et place qui sera pour ce destinée, et ce pendant le présent mois de febvrier et le suivant, sauf à estre ladite aulmosne continuée davantage, s'il y eschet ; le tout des deniers dudit Hostel-Dieu, dont sera rendu compte par lesdits recteurs pour leur estre alloué en leur compte. Faict par nous, prévost et juge dudit Beaujeu et officiers soussignez, ce vᵉ febvrier 1628, et commencera ladite aulmosne lundy prochain vii du présent mois. DE BUSSIÈRES, juge. »

Une pareille ordonnance, prise par le prévôt à la requête des échevins et du procureur fiscal, dans toutes les formes du droit, montre de reste qu'on était en présence d'un besoin imprévu et considérable, auquel il fallait apporter promptement un secours extraordinaire. Le 14 avril suivant, nouvelle liste de deux cent soixante-huit pauvres auxquels on devait continuer la même aumône jusqu'à la Saint-Jean-Baptiste. Il ne s'en trouve pas d'autre jusqu'en l'année 1631.

Cette année-là fut sans doute calamiteuse et fertile en misères, car le 17 mars les échevins firent une liste de quarante-six personnes dont le titre suivant est suffisamment éloquent : « État et dénombrement des pauvres *honteux* et nécessiteux de Beaujeu *qui ne vont mendiant,* ausquelz fault faire charitablement l'aulmosne en particulier chascune semayne, aux despens de l'Hostel-Dieu dudit Beaujeu *à cause de la chertance* qui est à présent, et c'est pendant ung moys commençant le xviie mars, an présent 1631 ; et c'est suyvant ce qui en a esté recogneu par les recteurs dudit Hostel-Dieu et eschevins dudit lieu ce lundy xviie mars an présent 1631. »

Les recteurs firent donc, chaque semaine durant un mois, à ces pauvres honteux une aumône de 3 à 16 sols, selon leurs besoins. Un mois après, le 28 avril, les échevins décidèrent de faire distribuer, chaque semaine des mois de mai et de juin, de nouveaux secours à soixante-dix-sept pauvres inscrits, en donnant à chacun une aumône de 2 à 14 sols. Par le grand nombre de ces pauvres honteux, en plus des mendiants ordinaires, nous pouvons juger de l'extrême misère qu'avait amenée la famine dans le pays.

Dans les archives de l'Hôtel-Dieu, il ne se rencontre pas d'autres listes de pauvres, auxquels tous les revenus aient été distribués, jusqu'aux années 1648 et 1649, où l'on donne à chacun de 3 à 20 sols par mois. Il y en a une autre en 1676, dans laquelle les pauvres reçoivent de 1 à 4 sols chacun. Cela ne veut pas dire qu'il ne se soit pas fait de distribution dans l'intervalle de ces années, mais les listes ne nous en ont pas été conservées.

L'aumône de Noël, dont il existe neuf listes de 1628 à 1663, se faisait bien aux dépens de l'Hôtel-Dieu, mais elle était loin d'en absorber tous les revenus, puisqu'elle ne dépassa jamais 40 livres. On peut dire cependant qu'en un sens elle continua l'usage des distributions commencées lors de la famine de 1628.

Il y a bien encore, de 1628 à 1634, plusieurs listes « des vefves et aultres », dont l'avant-dernière est intitulée : « *rolle* des pauvres ausquelz a été faict l'aumosne de ce que charitablement a esté mis dans le bassin le jour de Pasques ». Il y a aussi plusieurs « rolles des pauvres ausquelz a été faicte l'aulmosne de 200 pains blancz de la fondation des sieurs mariez Jehan Goisset ». Mais il s'agit là soit d'une distribution spéciale de fondation, soit d'une aumône éventuelle des dons recueillis le jour de Pâques, où les revenus ordinaires de l'hôpital n'entraient pour rien [1].

En somme, les distributions *régulières et ordinaires* de la plus grande partie des revenus de l'Hôtel-Dieu ne commencèrent guère que vers l'année 1650 [2]. Ces aumônes

---

[1] En dehors de ces fêtes de Noël et de Pâques, les recteurs faisaient encore aux pauvres des aumônes spéciales de viande, de pain et quelquefois de vin, aux fêtes de la Pentecôte, de l'Assomption, de la Toussaint et au jeudi gras. Il existe trois listes, de 1658 à 1660, de ces six sortes d'aumônes dites *générales*.

[2] Longtemps avant cette époque, les échevins intervenaient dans l'usage des revenus de l'hôpital et, sur leur signature, les recteurs faisaient des distributions d'argent. On en verra à l'appendice n° 9 plusieurs curieux exemples.

se faisaient par la main des recteurs, sur le vu des
billets signés des échevins, qui les remettaient à chaque
pauvre en y inscrivant la somme à leur donner. C'est ce
que nous apprend un état de 1548 écrit par un échevin
sous ce titre : « estat des billetz que j'ay donné aux pauvres
pendant mon eschevinage ». En 1658, ces distributions
étaient entrées en plein dans l'usage courant de l'hôpital,
bien qu'on y eût gardé encore quelques lits, ainsi que je
l'ai prouvé plus haut. Elles se faisaient sur l'avis des
dames de charité. Voici d'ailleurs l'ordre qu'on y obser-
vait, d'après un délibéré de la ville du 22 avril 1658 :

« La distribution du revenu sera faicte par les sieurs
recteurs, aux pauvres infirmes et honteux dudict Beaujeu
et autres, suivant l'advis qui leur en sera donné par les
dames de la charité annuellement establies pour cet effect,
qui sont à prézent damoiselles Éllie Bellet, vefve de
sieur Claude Cartier, vivant bourgeois de Beaujeu, Jane
Thibault, femme dudict sieur Claude Dubos, et Jane
Dubuisson, vefve du sieur Juste Muneret, vivant sieur de
la Tour, lesquelles exerceront leurs charges pendant lesdictes trois années, lesquelles expirées, sera proc:ddé au
tout à nouvelle nomination, sans indépendance (sic) de
qui que ce soit, sinon pour reddition de leurs comptes,
ausquels foy sera adjoutée sur leur serment décisif. Et
seront leurs comptes rendus d'années à aultres par devant
lesdicts sieurs officiers et en la prézence desdicts sieurs
curé et eschevins dudict Beaujeu. »

D'après ce délibéré, nous voyons que la distribution se
faisait entièrement par l'entremise des recteurs ; il n'y est
plus parlé de billets que les échevins remettaient aux
pauvres en les signant de leur main. Ceux-ci, dans une
assemblée de ville du 6 janvier 1669, se plaignirent qu'on

ne leur donnait plus connaissance, comme auparavant, des aumônes qui se faisaient aux pauvres du revenu de l'Hôtel-Dieu ; ils demandèrent donc le rétablissement de l'ancienne coutume. En conséquence, il fut résolu « que dores-navant les billetz ou mandatz concernant les aulmosnes qui se distribuent ausdits pauvres seront faictz par lesditz consulz, adressés aux sieurs recteurs dudit Hostel-Dieu, qui seront alloués en leur reddition de compte en les rapor-tant. »

Cette résolution nous montre combien la ville et les éche-vins tenaient à conserver sous leur contrôle la direction et l'administration de l'hôpital. Nous voyons aussi que les revenus passaient en aumônes ; peut-être déjà n'y avait-il plus de lits dans la salle pour les pauvres, bien qu'on y soignât encore quelques malades en 1664, comme je l'ai montré plus haut par des passages d'un livre de comptes de cette année. En tous cas, la suppression des lits doit être placée aux environs de 1670 et dura assez longtemps pour que Bessie de Montauzan n'en eût pas connaissance, lui qui assure si nettement qu'il n'y eut *jamais* d'établissement pour y faire servir les pauvres malades.

Cependant, le besoin d'une salle où l'on pourrait rece-voir et soigner les malades se faisait vivement sentir. Dès l'année 1685, on commença à en poser les fondations et à en élever les murailles, ainsi que nous le dirons plus loin. Après un assez long arrêt, les travaux furent repris en 1700 et achevés en 1705. Une question importante se posa alors à l'esprit des échevins et des recteurs. A qui confieraient-ils le soin et la garde des malades ? Autrefois, c'était un hospitalier ou une hospitalière qui remplissait cette fonction. Mais leurs services n'avaient pas toujours été des plus satisfaisants ; du reste, on avait sous les yeux l'exemple de l'hôpital de Villefranche, où l'introduction des Sœurs hospitalières en 1666 avait produit les plus heureux résultats. Pourquoi ne pas l'imiter ?

Le 24 mars 1705, les recteurs vinrent soumettre ce projet à l'assemblée des notables, en leur exposant « que touttes choses sont en estat de pouvoir commencer à y recevoir et loger des pauvres malades, s'il y avoit quelqu'un pour les servir et les secourir dans leurs nécessités spirituelles et corporelles ; et que pour mieux réussir ilz croiroient, par l'expérience de la plupart des principalles villes du royaume, que les malades seroient beaucoup mieux servis par des religieuses hospitallières que par des filles mercenaires; que l'heureux establissement qu'ilz ont vus faire, de leurs jours, des filles hospitallières que l'on a appellés de l'hospital de Châlons-sur-Saône dans l'hospital de Villefranche, a si parfaitement réussi, pour la plus grande gloire [de Dieu] et le soulagement des pauvres malades, par la sage et saincte conduitte de ces religieuses hospitallières, ausquelles messieurs de Villefranche ont donnés et entièrement confiés le soin des malades de leur hospital, lequel l'on voit croistre et augmenter tous les jours par le bon ordre et la grande régularité qui s'observe dans cette maison de Dieu, qu'ilz croiroient que ce seroit un très grand advantage pour celui-ci, si l'on pouvoit obtenir de messieurs les maire, eschevins, supérieurs et recteurs dudict hospital de Villefranche, de leur accorder deux de leurs Sœurs pour venir establir celui-cy, touttefois soubz le bon plaisir et l'auctorité de Monseigneur l'évesque de Mascon ».

A la suite de cet exposé, l'assemblée chargea le doyen.

du chapitre, le curé de Beaujeu Depheline de la Chartonnière, le juge, le lieutenant de maire, Rolet premier
consul, et Pressavin l'un des recteurs, de faire toutes les
démarches nécessaires au succès de ce projet. En conséquence, le doyen, le curé de Beaujeu et les deux recteurs
se transportèrent à Villefranche, le 26 mai 1705, pour
solliciter des magistrats de la ville, ainsi que des recteurs
et administrateurs de l'hôpital, la concession de deux
Sœurs chargées de faire l'établissement de l'Hôtel-Dieu de
Beaujeu. Deux jours après, le conseil des pauvres de
Villefranche accéda à leur demande et leur envoya la
Sœur Odette Fratrais comme supérieure, et la Sœur
Christine Pressavin simple novice.

Ces deux religieuses arrivèrent à Beaujeu au commencement de l'année 1706. Le 18 janvier, Sœur Fratrais,
assistée de Sœur Françoise Soldat, hospitalière de Villefranche, passa un contrat avec les recteurs et les repré-
sentants de la ville, par lequel elle s'engagea et promit
« d'establir et régler ledict hospital dudict Beaujeu et servir les pauvres à l'instar de celuy de Villefranche... estant
demeurez d'accord que dans la réception des pauvres qui
se présenteront audict hospital, ceux dudict Beaujeu
seront préférez à tous autres, ce qui sera aussi observé
pour la réception des religieuses ou postulantes... » Une
condition regardait spécialement la sœur Fratrais : dans
le cas où elle viendrait à tomber en quelque infirmité qui
la rendrait incapable de faire ses exercices, « elle ne
pourra néantmoins estre destituée de sa dignité de maîtresse ny renvoyée, ains sera nourrie et servie sa vie natu-
relle durant, aux frais d'iceluy hospital[1] ».

[1] On peut lire à l'appendice n° 10 la convention passée la même année
entre les recteurs et la Sœur Fratrais pour la réception des pauvres.

Les deux Sœurs ne logèrent pas immédiatement dans le bâtiment nouvellement construit, dont l'installation intérieure n'était pas encore complètement achevée. Elles vécurent pendant huit ans dans une maison appartenant au sieur Teillard, qui la leur prêta sans exiger de location. Leur introduction dans l'Hôtel-Dieu y produisit aussitôt les plus heureux résultats et fut pour beaucoup dans sa prospérité toujours croissante. La bonne tenue de la maison et les soins prodigués aux malades leur attirèrent toutes les sympathies. Les dons vinrent en plus grand nombre et permirent d'agrandir peu à peu les bâtiments et d'augmenter le nombre des lits. C'est ce développement continu qu'il nous reste à mettre sous les yeux du lecteur.

On a vu plus haut que la fondation de l'hôpital remontait au xɪɪ⁰ siècle. Mais, dans ces temps reculés et même plusieurs siècles après, c'était un établissement des plus modestes. D'après l'inventaire de 1559, il se composait d'une grande salle pour les malades, d'un petit cellier à côté de cette salle, d'un autre cellier qui auparavant servait de cuisine, et enfin d'une cuisine. Vingt ans après, on ne mentionne plus que la grande salle et une chambre à côté pour le gardien ou la gardienne. Tout le reste avait peut-être disparu à la suite des guerres religieuses contre les protestants ou bien avait été modifié. Enfin, dans l'inventaire de 1659, il n'est question également que de deux salles, l'une plus grande, destinée aux malades, dans laquelle se trouvaient huit lits ; l'autre, du côté du soir, réservée au gardien.

Ces vieux bâtiments, qui dataient vraisemblablement de la fondation, étaient en très mauvais état et menaçaient une ruine totale. Dès 1658, la communauté des habitants de Beaujeu avait reconnu la nécessité de les refaire en entier, d'autant qu'ils étaient tout enfoncés dans la terre. Cependant elle essaya encore, en :669, de les réparer avec les 3oo livres léguées dans ce but par Claude Jacquet, bourgeois de Lyon, et augmentées même d'une allocation de la ville. Les ressources n'étaient pas alors assez considérables pour permettre de faire davantage.

Enfin, en 1685, l'insuffisance manifeste de ces masures insalubres à remplir leur but, jointe au goût du bien-être qui commençait à se répandre partout, firent comprendre aux notables qu'il était temps de les remplacer par des bâtiments nouveaux, plus vastes, mieux aérés et plus aptes à « bien loger les pauvres ». Ils invitèrent donc à venir leur proposer leurs plans et devis François Perrin, maître entrepreneur de Villefranche, et Claude Audet, dit la Guiche, maître entrepreneur de la ville de Lyon. Chacun d'eux apporta son *dessin* aux notables, qui choisirent celui de la Guiche « comme étant le plus régulier et revenant à moins de frais ».

Les recteurs de l'Hôtel-Dieu, chargés de la direction des travaux, furent autorisés d'emprunter jusqu'à la somme de 4oo livres pour les commencer. Le 13 juillet, la première pierre fut posée, à midi, en présence du chapitre du château, qui manifestait ainsi tout l'intérêt qu'il portait à l'œuvre. Il donna même 100 livres « pour les pauvres malades de l'hôpital », et 10 livres aux maçons[1].

Tout d'abord, l'œuvre marcha très rapidement, car, dès le milieu du mois d'août de la même année, les architectes avaient jeté les fondations d'une partie des bâtiments et

---

[1] *Cahier de notes* de 1810 appartenant aux Dames hospitalières, et *Actes capitulaires* du chapitre de Beaujeu 1685, f° 123 v°.

même élevé les murs à une certaine hauteur. Ils s'aper-
çurent alors que la vieille chapelle, « qui menaçait
ruine par son ancienneté », était un obstacle à la construction du nouveau bâtiment, soit parce que son toit trop
élevé masquerait les grandes fenêtres de la salle des
malades, soit parce que sa voûte, du côté de l'entrée,
gènerait pour construire le grand escalier de l'hôpital. Il
fallait donc nécessairement la démolir avant d'aller plus
avant. Après en avoir obtenu l'autorisation de l'évêque
de Mâcon[1], la ville décida de faire une autre chapelle, pour
la remplacer, au fond de la nouvelle salle. A partir de ce
moment, les travaux se ralentirent, par faute de ressources très probablement ; ils furent même suspendus
pendant quelque temps[2].

Enfin, en 1700, Antoine Brac médecin, et Nicolas
Pressavin maire de Beaujeu, ayant été nommés recteurs
avec Jean Ollivier, chanoine du château, comme président,
ils se mirent en devoir de terminer le nouveau bâtiment.
Après avoir passé des prix faits avec les maçons, char-
pentiers, serruriers et autres ouvriers, ils poussèrent si
vivement les travaux que tout fut achevé cinq ans plus

---

[1] Voir à l'appendice n° 11 la requête des recteurs et la permission
de l'évêché de Mâcon.

[2] Tout ce qui a rapport à la construction de la salle a été tiré de
pièces détachées. Nous aurions beaucoup plus de détails si nous
possédions encore le registre des délibérations de cette époque. Car
il paraît, d'après le *Cahier de notes* datant de 1810, que ce registre
existait, précédant ainsi celui qui commence en 1706, le premier de
ceux qui nous restent. L'existence de cet ancien registre, dont je
doutais d'abord, m'a été confirmée par deux délibérations du chapitre
qui relatent, de la même façon que ces cahiers de notes, la pose de
la première pierre de la salle en 1685, et le concordat pour l'établissement d'un bureau des recteurs en 1693. Il a été perdu après 1810,
par la faute probablement d'un administrateur qui l'aura emporté
chez lui.

tard. C'est le bâtiment qui se trouve actuellement sur la
rue, entre la cour d'entrée et la chapelle. Il était alors par-
tagé en trois parties. A l'est, la grande salle de soixante-
quatre pieds de long sur vingt-quatre de large; elle contenait douze lits, avec un autel à l'orient, au-dessus duquel
Pierre de Lafont, chanoine de Beaujeu, fit placer un
tableau de saint Pierre. Devant cet autel, plusieurs Sœurs
furent autrefois inhumées sous les dalles; on trouva leurs
restes, avec leurs anciens costumes, lorsqu'on fit le calo-
rifère, il y a une cinquantaine d'années.

Cet autel, ou chapelle, fut bénit en suite de l'autorisation accordée le 7 juin 1704 par l'évêque de Mâcon[1],
auquel les recteurs demandèrent aussi plus tard la concession de quelques indulgences et la faveur d'y donner la
bénédiction du Saint-Sacrement à certains jours[2]. Les
revenus de l'hôpital ne permettant pas de payer un prêtre
pour le service de cette chapelle, ils sollicitèrent encore la
permission d'y faire élever un autel, sous le vocable de
Notre-Dame, de saint Joseph et de saint Claude, où l'on
dirait les messes d'une fondation faite par Claude Bruchet,
en attendant que la chapelle destinée à cette fondation fût
bâtie. Cette permission fut accordée en 1704 et renouvelée
en 1723, la construction projetée de la chapelle du Bruchet
n'ayant jamais eu lieu[3]. Du reste, l'aumônier désiré pour
le service de la maison ne tarda pas à se présenter en la
personne de M. Delestra, qui est désigné pour la première
fois, en qualité de chapelain, dans une délibération de 1707.

---

[1] J'ai reproduit à l'appendice n° 12 le procès-verbal de l'état de
cette chapelle et l'autorisation de l'évêque de Mâcon pour la bénir.

[2] Voir à l'appendice n° 13 la requête pour obtenir cette permission.

[3] On trouvera à l'appendice n° 14 deux pièces concernant la translation de cette fondation de messes à la chapelle de l'hôpital.

Du côté opposé, à l'ouest du bâtiment, se trouvait la cuisine, qui avait dix-neuf pieds de long sur vingt-quatre de large. Elle était séparée de la salle par un vestibule large de neuf pieds et demi.Pendant près de cinquante ans, les Sœurs logèrent et mangèrent dans cette cuisine ; elles y tenaient leur pharmacie et couchaient au-dessus, dans un dortoir où conduisait un escalier partant de la cuisine. Devant la façade sur la rue, il y avait une terrasse destinée à la promenade des malades, dont une partie fut prise sur l'emplacement d'une porte de ville. Cette porte fut démolie et l'emplacement donné à l'Hôtel-Dieu, à la suite d'une requête présentée en 1708 au duc d'Orléans, que l'on trouvera à l'appendice n° 15.

Au bout d'une quinzaine d'années, cette grande salle, si différente de la petite salle de l'ancien temps par sa salubrité et son aération, parut elle-même insuffisante aux recteurs et aux notables de Beaujeu, légitimement ambitieux de l'agrandissement de leur hôpital. Dès l'année 1717, ils firent faire des plans pour de nouveaux bâtiments. En 1729, leur projet sembla sur le point de se réaliser avec les fonds de la succession du prieur de Netty. Ils écrivirent même à Lyon pour demander un architecte ; ce fut le sieur Cotton, « architecte de la maison de Lyon », qui répondit à leur appel en leur apportant un nouveau plan, bien supérieur aux précédents, si on avait pu l'exécuter dans son intégrité. Malheureusement, les ressources manquèrent pour l'achever sous sa direction; on s'y remit à plusieurs reprises, mais en le modifiant chaque fois.

Ce plan comportait trois corps de bâtiment. D'abord, l'ancienne salle sur la rue, puis, du centre de celle-ci s'étendant perpendiculairement vers le jardin, le second bâtiment, où se trouvent aujourd'hui le grand corridor, la

3

cuisine, le réfectoire et la pharmacie, au bout duquel le troisième, en retour, se dirigeait vers l'est. L'ancienne salle sur la rue était transformée en réfectoire, dortoir pour les Sœurs et pharmacie. Les deux autres bâtiments à construire devaient former les deux nouvelles salles destinées à remplacer l'ancienne, composées de quatorze lits chacune, avec une chapelle à l'angle de jonction. Le grand avantage de ce plan, c'est que tous les offices de la maison donnaient sur la rue, tandis que les salles des malades, éloignées du bruit des voitures, auraient joui de la paix, du silence et du bon air du jardin.

Les fondations, commencées en 1741, furent élevées à hauteur d'homme, mais on fut obligé de s'arrêter faute d'argent. Tout d'abord, 7.000 livres semblaient suffisantes pour tout achever ; il fut impossible de les réunir, malgré les demandes faites de divers côtés ; les recteurs s'adressèrent même au duc d'Orléans, seigneur du Beaujolais, sans en rien obtenir. Ces fondations dépérissaient lorsque, en 1751, voyant qu'ils ne pouvaient faire les deux bâtiments projetés, ils se déterminèrent à n'en faire qu'un seul, celui du milieu.

Ils estimaient alors à plus de 50.000 livres la somme nécessaire à l'achèvement du plan complet du sieur Cotton. En attendant qu'ils pussent la réunir, ils décidèrent d'élever sur les fondations commencées un bâtiment où ils mettraient momentanément une cuisine, un réfectoire, une apothicairerie, un bureau et une chambre payante, en laissant la salle des malades où elle était déjà. Comme il arrive souvent, ce projet provisoire devint définitif et, à part quelques modifications de détail, c'est cette disposition qui subsiste encore aujourd'hui. Les travaux de ce grand bâtiment ne furent guère terminés qu'en 1759. La cuisine, située à l'ouest, fut alors supprimée pour agrandir l'ancienne salle. Celle-ci fut partagée en deux parties, séparées soit par un couloir, soit par la chapelle placée entre elles deux, si toutefois le plan de Pougelon a été exécuté.

Cette division de la grande salle en deux salles plus petites, qui devaient contenir chacune six lits, existait déjà en 1759, d'après une délibération du 2 juillet de cette année. Une autre délibération, du 2 janvier 1818, prétend qu'en 1780 il n'y avait qu'une seule salle de douze lits. Il est possible, en effet, qu'à cette époque l'on ait disposé autrement la grande salle, en y créant d'abord une salle de douze lits, puis, quelques années après, une nouvelle petite salle de huit autres lits dans l'intention d'y placer les fondations Varenard et d'Anglure. C'est ainsi qu'on arrive à concilier ces deux délibérations qui paraissent contradictoires au premier abord.

A partir de l'année 1759, l'administration s'occupa de faire une chapelle en dehors de la salle, avec une sacristie et une chambre pour l'aumônier. Dans ce but, elle acheta une maison située à l'ouest de la salle, et ensuite obtint de M. Teillard la permission de construire au-dessus de son cuvier la voûte qui devait porter la chapelle. Le plan de cette chapelle est du sieur Maréchal, architecte, qui avait dirigé tous les travaux du nouveau bâtiment.

Cette chapelle fut-elle aussitôt commencée ? je n'ai rien vu dans les archives qui le prouve ; on y trouve des raisons pour et contre. Ainsi, à la date de 1768, il fut décidé que la chapelle serait réparée, parce qu'elle n'était pas régulière ; mais peut-être s'agit-il ici de l'ancienne chapelle, située au bout ou bien au milieu de la salle. En revanche, la délibération du 2 janvier 1818 semble dire que la chapelle ne fut commencée qu'en 1792, en même temps qu'une nouvelle salle.

Quoi qu'il en soit de l'époque où elle fut commencée, il est sûr qu'elle ne fut terminée que longtemps après 1792. L'hôpital avait acquis, en 1798, le cuvier Teillard, sur lequel devait être établie la voûte de la chapelle. En l'an XI, on chercha à louer à une « faiseuse de modes » le dessous de cette voûte, et on qualifia alors la chapelle de *nouvelle*. On l'appelle encore *nouvelle* dans la délibération du 10 octobre 1804, où il est parlé de sa bénédiction. La chapelle était donc alors tout récemment achevée. Si elle l'avait été plus tôt, de 1770 à 1792, on l'aurait sûrement bénite à cette époque.

Dès l'année 1780, M. Varenard, dans sa fondation de quatre lits, parle de la construction d'une « aile de bâtiment » devant aboutir à la chapelle. Il s'agissait, pour emprunter les termes de la délibération de 1818, de faire « une nouvelle salle pour les femmes... avec une chapelle intermédiaire entre les deux salles ». C'est la première fois qu'il était question de construire cette seconde grande salle, pour laquelle ce Jean Varenard, chantre du chapitre, fondait quatre lits nouveaux. Cette affaire traîna plusieurs années en longueur. En 1786 seulement, il fut question des plan et devis faits par Cinquin, entrepreneur de Beaujeu. Deux ans après, l'administration acheta et échangea en partie, contre une vigne située dans le clos Sainte-Marie, les deux maisons et les jardins Teillard, sur lesquels devait se prendre l'emplacement de la future salle.

Enfin, au bout de douze ans d'examen et de tergiversation, elle fit entrer le projet dans la période d'exécution, en le commençant au printemps de 1792 ; le 17 juin suivant, elle reçut le plan définitif apporté par Marcus, architecte de

Chandon, près de Charlieu, qui se chargea de le faire exécuter moyennant 1.850 livres d'honoraires, avec son logement
et sa nourriture durant les travaux. Ceux-ci devant être
exécutés en régie, des prix faits furent aussitôt passés
avec différents entrepreneurs. La maçonnerie fut élevée
assez rapidement, car, au 15 brumaire an III, l'administration envoya au district le devis d'une partie du couvert
pour en faire l'adjudication. Les ressources manquèrent
alors et arrêtèrent les travaux.

Le 27 nivôse an V, l'administration reconnaît l'urgence
d'achever la toiture, parce que les murs restés à décou-
vert se détérioraient. Le 26 messidor an VI, elle prend
une nouvelle délibération à ce sujet, en déclarant que le
manque de toiture entraînait la ruine du nouveau bâtiment. Peu après, elle en décida l'adjudication, mais en
renvoya l'exécution à plus tard, faute de bois. Ce ne fut
qu'un an après qu'elle acheta les matériaux nécessaires
pour cette charpente. Enfin, un don de 2.650 livres, fait
par Mlles de Millière, le 20 fructidor an IX, lui permit de
pousser activement les travaux et d'achever la toiture
l'année suivante.

On ne put néanmoins se servir aussitôt de la salle
(appelée aujourd'hui salle Sainte-Marthe), l'installation
intérieure n'étant pas terminée, faute de ressources. Au
commencement de 1808, les lits n'y étaient pas encore
placés et l'on y donna le repas de profession de Sœur
Jeanne Escallier. Ce fut seulement de 1809 à 1810 que
les malades purent l'occuper. De tous les bâtiments de
l'hôpital, celui-ci est le plus mal construit et dans les plus
mauvaises conditions. Sa construction, prolongée pendant
près de quinze ans, fut arrêtée et reprise à diverses fois;
aussi exige-t-il beaucoup de réparations, sans être pour

cela plus solide. A peine achevé, en 1807, le mur méridio-
nal et occidental prenait coup et se lézardait.

La chapelle fut terminée en même temps que le nouveau bâtiment. Elle fut bénite en 1804, avec une cloche
qui avait coûté 397 livres. Voici le procès-verbal de cette
cérémonie, tiré du registre des délibérations de l'an IV :

« Cejourd'hui 18 vendémiaire an XIII (10 octobre 1804),
avant midy, au bureau de l'hospice où étoient réunis les
administrateurs, il a été par eux arrêté de dresser procès-
verbal de la cérémonie qui a eu lieu ce jourd'huy.
Monsieur Jauffret, premier vicaire général de Son Émi-
nence Mgr le cardinal Fesch, archevêque de Lyon, Vienne
et Embrun, et membre de la Légion d'honneur, s'étant à
la prière des administrateurs rendu en cet hospice, a pro-
cédé à la bénédiction de la nouvelle chapelle. Ensuite, il a
béni une cloche présentée par M. Cl.-François Couppier
et dame Suzanne de Millière de la Terrière. A cette
auguste cérémonie ont assisté Messieurs Tournefort et
Terrasson, chanoines de l'église métropolitaine de Lyon ;
Chanal, curé de Beaujeu ; Gelin, aumônier de l'hôpital ;
Janson, Thony, Ducharne, Favret, Lasserre, Durif, tous
prêtres, et Mesdames les Sœurs hospitalières de cette
maison, qui ont tous signé. »

La nouvelle salle pouvait contenir dix-huit à vingt lits,
comme l'ancienne. De ces vingt lits, six avaient été fondés
avant le commencement des travaux, et leur fondation,
nous l'avons vu, ne fut pas étrangère à la résolution prise
de la construire. Depuis ce temps, les demoiselles Millière
en fondèrent quatre autres, et Pierre Delafond huit. Mais
bientôt, par suite de pertes considérables, la création de
ces nouveaux lits et leur entretien devinrent une cause
de grande gêne pour l'hôpital et, à ce sujet, les adminis-

trateurs firent entendre souvent des plaintes dont l'écho se retrouve dans le livre des délibérations.

Ces pertes, causées par les bouleversements de la Révolution, furent encore aggravées par la famine et par l'invasion étrangère en 1814. Elles provinrent d'abord du remboursement anticipé d'anciennes dettes ou redevances avec de la mauvaise monnaie. En 1795, des débiteurs peu scrupuleux profitèrent du discrédit des assignats pour s'acquitter à bon compte vis-à-vis de l'Hôtel-Dieu, qui perdit ainsi des sommes considérables.

En second lieu, la Révolution, en mettant sous séquestre les biens des hôpitaux comme ceux des communautés, en versa dans le trésor public tout l'argent et les valeurs mobilières. Plus tard, quand l'État leva le séquestre et quand il rétablit l'hôpital dans la jouissance de ses biens, le 24 brumaire an IV, il se garda bien de rien rendre de ce qu'il lui avait pris ; il ne lui restitua pas non plus les sommes touchées par le receveur sur plusieurs débiteurs.

Voici un passage des Délibérations de 1818, séance du 2 janvier, qui rappelle les difficultés inextricables où se débattit la Commission pour l'achèvement de la nouvelle salle et pour l'entretien de toute la maison dans des circonstances aussi difficiles ; on comprendra mieux ainsi ce que la Révolution a coûté à notre Hôtel-Dieu.

« La Commission administrative, après avoir pris connaissance de l'état déplorable dans lequel se trouve l'hôpital qu'elle régit, croit devoir s'adresser à M. le préfet pour obtenir, par son intermédiaire auprès du gouvernement, des secours à l'effet de soutenir un établissement aussi précieux à l'humanité et dans lequel sont reçus les pauvres malades, non seulement des cantons de Beaujeu,

Montsols et Saint-Nizier, mais encore de plusieurs autres cantons étrangers même à ce département.

« Trente-huit lits sont aujourd'hui établis et habituellement occupés, savoir : vingt dans les deux salles destinées aux hommes, et dix-huit dans la salle des femmes.

« En 1780, cette maison n'offrait dans une seule salle que douze lits[1]. Des dons importants furent faits, en argent ou en rentes constituées, par M. Jacques Varenard, chantre-chanoine au chapitre de Beaujeu, et par M. le marquis d'Auglure, dans les années 1780, 1785 et 1787; une nouvelle salle de huit lits fut établie.

« En 1788, l'administration acquit, avec l'autorisation du gouvernement, un vaste emplacement attenant, du côté d'occident, à la maison de l'hôpital.

« En 1789 et 1790, il fut arrêté qu'une nouvelle salle, uniquement destinée pour les femmes malades, serait construite avec une chapelle intermédiaire entre les deux salles.

« Les plans en furent dressés et furent arrêtés, ainsi que la dépense, par les autorités supérieures; la construction fut commencée en 1791 et suivie en 1792, mais elle resta imparfaite par les suites de la Révolution en 1793.

« Le séquestre mis sur les biens des hôpitaux inter-

[1] C'était là une modification à ce qui existait auparavant. Nous avons vu page 35 qu'en 1759 la grande salle était divisée en deux autres plus petites, contenant chacune six lits. A ces deux salles succéda vers 1780 une salle unique de douze lits, à laquelle, un peu plus tard, on en ajouta une seconde de huit lits, qui devait servir provisoirement aux fondations Varenard et d'Auglure. Je dis provisoirement, car Mr Varenard avait mis à sa fondation la condition expresse que l'hôpital construirait un nouveau bâtiment pour l'y placer; il dispensait même son héritier d'acquitter son legs jusqu'à ce que cette condition fût remplie. Le désir de recevoir cette donation fut une des raisons qui engagea l'administration à commencer ce bâtiment en 1792. (*Délibérations*, t. III, p. 111.)

rompit tous les travaux jusqu'à la fin de 1795, qu'a duré
ce séquestre ; 28,000 fr. de capitaux en argent placés ou
en rentes constituées furent remboursés au trésor public
et n'ont jamais été restitués à cet hôpital. Il éprouva bien
d'autres pertes, soit en remboursements faits en assignats,
soit en rentes féodales perdues et dont un tableau, coté
n° 1, présente le total, s'élevant à 56,000 fr.

« A la fin de 1795, l'hôpital rentra dans ses propriétés
rurales ; elles étaient dans un état de détérioration absolue. Pour soutenir, cette maison, les administrateurs
furent réduits à faire faire des quêtes en denrées dans
toutes les communes.

« L'administration fit plus ; elle entreprit, quelques
années après, le parachèvement de la nouvelle salle, ainsi
que de la chapelle. Elle fut aidée par les secours de
quelques personnes bienfaisantes ; mais la nouvelle salle,
qui devait contenir dix-huit lits, resta vacante, jusque
vers la fin de l'année 1809.

« Des dons faits par les dames de Millière et par
M. Delafond déterminèrent l'administration à établir les
dix-huit lits que cette nouvelle salle était susceptible de
contenir.

« Hélas ! l'administration consulta plutôt son zèle que
les moyens que pouvait avoir cet hôpital pour un accroissement si considérable. Ne craignons pas de le dire, puisque
c'est la vérité. A cette époque, une sorte de menace de
supprimer tous les hôpitaux qui n'auraient pas quarante
lits existants fut la cause de cette détermination subite,
et dans l'état que présenta la Commission administrative,
elle offrit le tableau de vingt lits existant dans les deux
salles d'hommes, les dix-huit nouvellement placés dans la
salle des femmes, et de deux autres lits dans un appar-

tement séparé, dit de l'infirmerie, lesdits lits destinés à recevoir les malades payant, ce qui complétait réellement les quarante lits.

« Sans les événements calamiteux qui ont affligé les vignobles de l'hôpital depuis 1808 jusqu'à présent, sans l'excessive augmentation de prix de toutes les denrées de consommation, sans les pertes éprouvées par l'incendie en 1814 et celles que l'invasion des troupes étrangères ont occasionnées, il eût été possible, à l'aide des secours que la bienfaisance procure annuellement à cette maison, de subvenir à la dépense sans contracter de dettes ou sans anticiper sur les capitaux.

« Il n'en a pas été ainsi ; cette maison s'est trouvée arriérée, suivant le tableau présenté en 1814[1], de quinze mille francs environ, cy. 15.000

« La dépense effective de 1815 a excédé la recette, en raison des réparations occasionnées par l'incendie, de plus de huit mille francs, cy.   8.000

« Celle de 1816, de plus de six mille francs, cy.   6.000

« Et celle de 1817, d'environ sept mille, cy. .   7.000

« Total, cy. 36.000

« Souvent l'administration a mis en délibération la question de supprimer la nouvelle salle, mais elle a considéré le besoin des pauvres et, comme tous les propriétaires charitables, elle a préféré anticiper sur les capitaux ou de contracter des dettes, plutôt que de cesser de soulager l'humanité dans des années aussi malheureuses.

« Blâmerait-on sa conduite ? Elle répondra qu'elle a compté sur la Providence. C'est dans cet état que la Commission administrative s'adresse avec confiance à Sa

[1] Voir à l'appendice le n° 16.

Majesté, par l'intermédiaire des autorités supérieures, à l'effet d'obtenir des secours.

« Il est sensible que les vingt-huit mille francs remboursés au trésor public durant le séquestre, et les vingt-huit mille francs d'autres pertes désignées dans le tableau n° 1, sont la cause principale du déficit qu'éprouve cette maison. Ne serait-il pas naturel que le gouvernement l'indemnisât tout au moins de vingt-huit mille francs qui ont été versés dans la caisse des deniers publics.

« C'est à quoi la Commission administrative réduit sa demande. Elle attend avec confiance un secours aussi nécessaire et qu'il serait de toute justice de lui accorder. » — (Registre des délibérations, an VI à 1820, f° 157vo.)

Longtemps les administrateurs attendirent et réclamèrent la restitution de cette grosse somme de 28.000 francs perçue par le trésor public durant le séquestre, et qui leur eût été si nécessaire dans la détresse où les événements et les mauvaises récoltes avaient jeté la maison qu'ils dirigeaient. Dans le budget de 1820, ils firent encore appel au gouvernement à ce sujet, mais tout fut inutile. Ce n'est pas d'aujourd'hui seulement que l'on voit l'État prendre quelquefois et ne rendre jamais.

Les mauvaises récoltes dont je viens de parler ne contribuèrent pas peu à augmenter les embarras de l'hôpital. Pour celui-ci, en effet, le produit des fermes et des vignes était alors la source presque unique de revenus, les donations s'étant faites fort rares en raison des bouleversements politiques et de la misère publique ; or, une suite de mauvaises récoltes vint tarir périodiquement cette source pendant fort longtemps. Le terrible hiver de 1788-1789 commença par geler les vignes, qu'il fallut arracher presque entièrement. Les moissons ayant manqué, le prix du blé augmenta, ce qui accrut naturellement les dépenses, car l'Hôtel-Dieu achetait son blé pour nourrir ses malades.

En l'an II, pour entretenir vingt-et-un malades, quatre hospitalières et quatre domestiques, il n'y eut un moment à la maison que dix mesures de blé ; impossible de s'en procurer dans les communes voisines. Pour en obtenir, on s'adressa au district, en s'appuyant sur le motif que l'hôpital recevait des soldats blessés ou convalescents. Le Directoire accorda *une charge* de blé et renvoya la députation au département de l'Ain pour en avoir davantage, « vu la pénurie absolue ». Les envoyés allèrent jusqu'à Châtillon en chercher, avec l'autorisation des autorités constituées et le vœu de la commune. Terrible époque, où le souci de la vie matérielle était devenu un problème quotidien allant jusqu'à l'anxiété !

Un peu plus tard, le bureau s'adressa encore au district pour avoir du grain, sans plus de succès. Celui-ci refusa aussi de payer les dépenses du mois de brumaire an III, qui se montaient à la somme de 45.358 livres en assignats.

Pendant que les dépenses s'accroissaient, pour les mêmes raisons tous les revenus diminuaient. Les fermiers n'étaient pas mieux partagés que les vignerons. Après brumaire an III, ils se trouvèrent en retard de paiement et répondirent, pour s'excuser, qu'ils n'avaient récolté que ce qui était nécessaire à leur nourriture. Poursuivis, ils quittent leur ferme en versant une certaine somme. Les grangers à moitié fruit qui les remplacent ont de la peine à faire mieux, malgré de nouveaux règlements. L'essai n'ayant pas réussi, on remet à leur place des fermiers peu de temps après. Ceux-ci ne sont pas plus heureux ; en l'an VIII, la commission est obligée de les dégrever ; elle refuse cependant, par ordre du préfet, de diminuer le prix de leur ferme.

Une chose rendait plus dure encore, en ces temps troublés, la triste situation financière de l'hôpital : c'était l'insuffisance du numéraire. La disparition des espèces monnayées, la fluctuation des assignats qui les remplacèrent et bientôt leur baisse phénoménale augmentèrent, dans des proportions inouïes, les difficultés de toutes les transactions publiques ou privées. Pour en donner une idée, citons seulement trois faits. En 1796 (le 15 nivôse an IV), les recteurs achetèrent treize mesures de froment, dont l'hôpital avait un pressant besoin, au prix invraisemblable de 19.920 livres en assignats ; ils ne purent les payer de suite, faute de fonds. Quelque temps après, ils vendirent une botte de vin 16.000 livres ! Enfin, à la même époque, les impositions des fermes d'Ouroux s'élevaient à la somme de 15.222 livres, dont les trois grangers payaient la moitié. On conçoit ce qu'une pareille variation dans le cours des assignats devait donner de soucis à ceux qui avaient des affaires à traiter.

J'ai dit plus haut quelles pertes considérables en résultèrent pour l'Hôtel-Dieu de la part de certains débiteurs qui se libéraient ainsi à bas prix de leurs dettes. D'autres, trop consciencieux pour employer ce moyen libératoire, étaient dans l'impossibilité de se procurer des valeurs métalliques pour s'acquitter. De cette façon, l'Hôtel-Dieu, recevant peu de chose ou même rien de ses créances, était impuissant lui-même à faire honneur à ses dettes. A un certain moment, il ne savait comment s'y prendre pour payer le boucher, les gages du jardinier et des deux filles de peine, et les honoraires du médecin en retard depuis deux ans. Cette difficulté des recouvrements de diverses créances l'empêchait même de faire face aux dépenses journalières.

Aussi le bureau de l'hôpital fit-il souvent appel à la bonne volonté de ses débiteurs, tantôt par des circulaires générales, tantôt par des lettres particulières. Quelquefois il les invite, il va même jusqu'à les solliciter de se libérer. D'autres fois, il les menace de poursuites, s'ils ne paient pas, « parce que le service de la maison serait interrompu, la recette étant épuisée ». Souvent, ces menaces produisent peu d'effet, les débiteurs eux-mêmes n'ayant pas d'argent, par suite des mauvaises récoltes, comme il arriva en l'an VIII, où régna une sécheresse extraordinaire. Les administrateurs tenaient cependant compte de ces circonstances désastreuses et n'urgeaient les poursuites qu'après avoir « avisé aux moyens de concilier les intérêts de l'hôpital avec les égards dus à un citoyen malheureux », car ils pensaient qu'il convenait à une maison de charité d'avoir des égards pour les débiteurs frappés par l'infortune. Ils ne se décidaient à les poursuivre que dans une extrême nécessité et quand ils étaient récalcitrants.

Pour se tirer d'affaire au milieu de tant de besoins et de difficultés, les administrateurs s'ingéniaient du mieux qu'ils pouvaient. Ils cherchaient avant tout à diminuer les dépenses. Comme ils ne voulaient pas réduire le nombre des malades dans un temps si calamiteux, ils préféraient faire des économies sur leur nourriture, par exemple en diminuant la portion de vin et en supprimant le repas de viande à neuf heures. Ils reprirent aussi l'usage d'autrefois de choisir un secrétaire parmi eux, afin d'éviter une dépense à l'hôpital, usage excellent qui se perpétua longtemps après. Enfin, ils firent appel aux citoyens connus pour leur bienfaisance.

Cet appel ne fut entendu que d'un petit nombre; l'époque était trop bouleversée par les passions politiques pour que la voix de la générosité trouvât des échos dans les âmes. Quelques citoyens seulement, à la demande de Sœur Lièvre, supérieure, qui leur donnait l'exemple, firent des avances de blé. Citons les principaux bienfaiteurs en ce temps de disette; Durieu du Souzi, sollicité par Sœur Lièvre, fournit à crédit le blé nécessaire. Son fils prêta 2,800 livres pour payer les impôts. Quand il les réclama, les administrateurs, qui n'avaient pas de fonds, déclarèrent qu'ils invitaient leurs successeurs à payer à leur place.

A mesure qu'on s'éloignait de la période violente de la Révolution, et surtout quand l'Empire eut rétabli l'ordre, base de toute société, la situation financière de l'hôpital alla en s'améliorant. Plusieurs remboursements et des donations importantes lui permirent de faire face à ses besoins et d'achever la salle nouvelle et la chapelle. Mais ce ne fut qu'un moment de calme entre deux orages. L'Empire portait en lui-même un mal secret qui devait le détruire et faillit perdre la France après l'avoir ruinée et ouverte aux ennemis. L'ambition insatiable de son chef, en poursuivant le rêve de la domination universelle, épuisa ses ressources et déchaîna sur notre pays le fléau de l'invasion et toutes les misères qui en sont la suite. L'Hôtel-Dieu ressentit forcément le contre-coup de tous les malheurs publics, d'autant plus vivement qu'il était à la gêne depuis deux ans, les récoltes étant redevenues presque aussi mauvaises qu'auparavant.

En effet, dès l'année 1811, il avait un besoin urgent de blé et de vin; dans ses cinq vigneronnages, il n'avait récolté que dix-neuf pièces de vin. Ce déficit du vin et la cherté exceptionnelle des grains eussent obligé à refuser

la moitié des malades sans la charité de M, Delafond, qui
fit un don de trois cent quarante boisseaux de blé.

L'année suivante, les administrateurs, constatant encore
la gêne de la maison, l'attribuent à la création des dix-huit
lits nouveaux et au manque de récolte. Le blé avait plus
que doublé, les fermes baissé d'un tiers et le vignoble
avait gelé. Ils décidèrent cependant que, dans la misère
publique, ils ne pouvaient réduire le nombre des malades,
espérant toujours, mais en vain, que l'État rembourserait
les biens séquestrés en 1792 et paierait les logements et les
secours accordés aux militaires durant plusieurs années.

Dans leur détresse, ils recoururent aux anciens moyens,
en faisant de « petits retranchements » et des économies
dans l'entretien journalier de la maison : pour ménager
le vin vieux, ils en donnèrent seulement aux plus malades;
les autres n'eurent que du nouveau. D'un côté, ils sollicitèrent les créanciers de ne pas presser les paiements de
ce qu'ils leur devaient ; de l'autre, ils prièrent les débiteurs de se libérer, attendu les besoins urgents de l'hôpital. Ceux-ci s'exécutèrent plus facilement qu'autrefois, la
période de calme leur ayant permis d'acquérir des ressources en argent. Enfin, Sœur Lièvre, toujours charitable,
fit encore des avances.

En 1813, mêmes besoins et mêmes embarras : on ne
récolta que vingt pièces de vin. La situation était fort
affligeante et n'offrait aucune perspective d'amélioration,
à cause de la cherté des vivres et de l'accroissement peut-
être prématuré du nombre des lits. Non seulement le
prix du blé était fort élevé, mais aussi, par suite du blocus
continental, celui des denrées coloniales, dont un hôpital a
toujours grand besoin. Les revenus ne rentraient pas, le
commerce, paralysé par la guerre, n'ayant aucune activité.

Devant ces tristes perspectives, le courage des administrateurs ne se démentit pas, car il avait été trempé
dans des épreuves plus dures encore. Ils ne voulurent
rien changer à l'ordre accoutumé. Plutôt que de renvoyer
des malades dans un temps si calamiteux, ils s'efforcèrent
de faire rentrer les capitaux exigibles en faisant appel aux
débiteurs sans les vexer, quand leur retard provenait des
circonstances et non pas de la mauvaise volonté. Ils invitèrent de nouveau les Sœurs à pratiquer toutes les économies possibles. Celles-ci n'avaient pas attendu cette
invitation pour en faire déjà sur le bien de l'hôpital, mais
elles s'en imposèrent encore sur leur propre entretien.

A tous ces maux vint se joindre celui de l'invasion
étrangère. La tradition rapporte que les Autrichiens, irri-
tés de la mort d'un parlementaire tué par des exaltés,
voulaient incendier Beaujeu. La supérieure, Sœur Lièvre,
se dévouant pour le salut de tous, alla au-devant des
ennemis, accompagnée de sa nièce, Sœur Escallier, qui
portait des bouteilles d'eau-de-vie, pour les apaiser. Elle
se présenta à leur chef, qui se laissa toucher par ses sup-
plications ; mais, avant d'accepter l'eau-de-vie, celui-ci
exigea que les deux Sœurs en goûtassent. La jeune Sœur
Escallier, qui racontait ce fait plus tard, dut en boire elle
aussi, malgré sa répugnance.

Si Beaujeu ne fut pas incendié en entier par ordre du
chef, les soldats allumèrent cependant des incendies partiels qui causèrent de grandes pertes à l'hôpital. Voici
comment la Commission raconte ce fait dans son registre :

« Le 15 mars 1814, les troupes étrangères envahirent
Beaujeu de vive force. Elles pénétrèrent dans toute la
ville, la livrèrent au pillage, jetèrent dans un grand
nombre de maisons des matières incendiaires, particuliè-'

rement dans celle de la demoiselle Fadoux, attenante et
mitoyenne à l'hôpital. Bientôt cette maison fut réduite en
cendres ; l'incendie se communiqua à l'hôpital ; il avait
gagné la lingerie et la sacristie, menaçait la salle neuve
des femmes ; nul secours du dehors, la présence des
troupes et une fusillade continuelle avaient mis en fuite
tous les habitants. Tous ceux qui étaient dans l'intérieur
de l'hôpital, hommes et femmes, sains et malades, étaient
employés, les uns à enlever les matelas, les draps, les
couvertures, les linges de toute espèce déjà enflammés,
les autres à porter et jeter de l'eau partout où l'incendie
se communiquait. Mais qu'eussent pu opérer de si faibles
moyens, si le vent, qui portait la flamme sur l'hôpital,
n'eût, par un miracle de la Providence, changé de direction ; il eut infailliblement brûlé en entier, au lieu qu'il fut
alors possible de le garantir de l'embrasement. La retraite
des troupes, qui suivit de près, facilita les secours du
dehors et le feu fut éteint.

« Le 17 mars, les troupes étrangères rentrèrent en
grand nombre et, comme presque tous les habitants de la
ville étaient en fuite, le corps entier des officiers et un
grand nombre de soldats furent logés et nourris à l'hôpital. »

L'entretien de ces soldats lui coûta 1.500 fr., et l'incendie 5.000 fr. Ce fut donc, pour l'hôpital, une perte sèche
de 6.500 fr. que lui causa l'invasion, sans parler des
transes où vécut tout le personnel.

La conduite héroïque de la Sœur Lièvre lui attira les
remerciements les plus chaleureux de la Commission
administrative et la reconnaissance de tous les habitants
de Beaujeu, qui lui durent, en grande partie, la préserva-
tion de leur ville. Dans le sauve-qui-peut général qui

saisit alors toute la population menacée par les ven-
geances d'un ennemi furieux, elle resta presque seule à
son poste, animant de son esprit intrépide toutes ses
Sœurs qui firent, comme elle, face au péril, ainsi que les
domestiques, les malades et quelques personnes dévouées
qui sauvèrent, grâce à son exemple, la maison d'une perte
certaine[1].

Tous les malheurs à la fois accablaient notre pays. En
plus du fardeau de l'invasion, le Beaujolais eut encore à
supporter le fléau d'une mauvaise récolte. L'hôpital ne fit
que treize pièces de vin dans ses cinq vigneronnages. Ce
n'était même pas assez pour les besoins de ses malades.
Comme les autres ressources étaient également insuffi-
santes, la Commission résolut de leur retrancher le vin,
mais de conserver tous les lits pour les pauvres, si nombreux à la suite de tant de désastres. Comme d'habitude,
elle sollicita les débiteurs de se libérer. Enfin, un peu
plus tard, devant la continuation de l'insuffisance des revenus, elle décida d'employer le capital des sommes léguées
ou remboursées, au lieu de le placer suivant l'usage.

Dans des circonstances aussi déplorables, l'Hôtel-Dieu
eut le bonheur de trouver un homme dévoué qui l'aida de
sa bourse et de son expérience. M. Delafond, ancien fermier des demoiselles de Millière, lui fit d'abord une avance
de 2.000 francs pour les besoins les plus pressants, puis
deux autres, l'une de 300 et l'autre de 2.400 francs sans
intérêt, afin de lui faciliter le paiement de son arriéré et
de ses comptes courants; il consentit à ce que le remboursement lui en fût différé tant que les débiteurs de l'hôpital
ne se seraient pas acquittés.

[1] Voir à l'appendice n° 17 un extrait d'une délibération de 1814,
relatant ces remerciements de la Commission.

En 1816 il fit encore une nouvelle avance, en attendant la délivrance d'un legs de 6,000 fr. Je devais signaler cette générosité, parce que, en permettant à l'Hôtel-Dieu de passer un moment difficile, ce bienfaiteur lui rendit un service considérable. A diverses reprises, d'ailleurs, il lui manifesta son dévouement, soit par ses conseils, soit par des dons répétés, soit par un legs important. La présence d'un homme aussi dévoué, aux époques critiques, est toujours un grand bienfait pour un établissement charitable.

En 1817, la gêne ne cessa pas encore à l'hôpital, qui ne fit cette année-là que quinze pièces de vin, au lieu des quatre-vingts à cent habituelles. Ce manque de récoltes durait depuis une huitaine d'années et lui avait causé des pertes énormes, car son vignoble était la principale source de ses revenus. Toutes les autres recettes ayant également diminué, les administrateurs décidèrent, pour faire des économies, de supprimer l'aumônier et de prendre à sa place un vicaire de Beaujeu ou des Étoux. Mais cette mesure ne tarda pas à être rapportée, si même elle fut jamais exécutée.

Dans leur détresse, ils renouvelèrent plusieurs fois leur appel à l'autorité supérieure pour qu'elle leur restituât les sommes perdues à la Révolution. Le revenu de cet argent, disaient-ils, aurait suffi à faire subsister la maison. A l'appui de leur demande, ils firent valoir qu'à cette époque néfaste les rentes du clergé dans le canton avaient été cédées à l'Hôtel-Dieu de Lyon, au détriment de celui du pays. Tous leurs efforts vinrent se briser contre la passivité du gouvernement de la Restauration qui, comme les précédents, ne voulut rien entendre. Il les obligea même, malgré leur résistance, à supprimer quelques lits, mesure qu'ils avaient constamment repoussée jusque-là.

Ce fut à cette époque (1819) que l'administration prit une bonne mesure qui eut dans l'avenir les meilleurs résultats. Le grand domaine de la Grange-Charreton, légué par les demoiselles de Millière, contenait beaucoup de broussailles. Ces derniers terrains ne rapportaient rien. M. Delafond, le fermier, demanda et obtint l'autorisation d'en défricher dix hectares qui, en dix ans, n'avaient produit que 18 fr. de revenu annuel. Il les planta en vignes dont il tira pour lui-même les plus grands profits ; et quand plus tard, après sa mort, l'Hôtel-Dieu en reprit la jouissance, leur produit devint le meilleur de ses revenus.

L'année 1820 fut encore mauvaise ; heureusement que ce fut la dernière. La gelée avait non seulement fait perdre les récoltes, mais encore tué les vignes, dont il fallut arracher une grande quantité. Les vignerons, réduits à la misère et presque sans pain, ne pouvaient payer leurs dettes, ni leurs basses-cours. De même, les fermiers étaient dans l'impossibilité de s'acquitter, « par le défaut presque absolu de récolte ».

Telle fut cette longue suite des trente terribles années qui s'étendirent du commencement de la Révolution à la fin du premier tiers de la Restauration, où tous les maux semblent s'être abattus sur notre Hôtel-Dieu. A part quelques rares et courtes exceptions, tous les jours de cette époque furent pour les administrateurs et pour les Sœurs des journées d'inquiétude, d'alarmes et de graves préoccupations. Aux malheurs publics se joignait leur propre détresse et le souci de savoir comment, privés souvent de blé et d'argent, ils pourraient nourrir les quarante malades qu'ils avaient à leur charge. Grâce à leur vigilance, à leur zèle, à leur charité et aussi à l'action latente de la Providence qui se manifestait par des secours et des dons arrivés juste au moment le plus critique, ils réussirent dans ce problème difficile et purent remettre intacte à leurs successeurs, au sortir de la tempête et de la famine, la maison qu'ils avaient reçue en dépôt.

Par bonheur, l'année 1821 et les suivantes furent meilleures; le blé tomba à un prix modéré et la récolte en vin fut plus abondante. Le budget cessa d'être en déficit continuel, comme il l'avait été depuis longtemps. A ce propos, disons que la Commission eut bien de la peine à se mettre à établir ses budgets d'une manière régulière; elle n'était pas habituée à cette formalité administrative. L'autorité préfectorale eut à lui faire des représentations à ce sujet, ne lui ménageant ni les observations, ni même les réprimandes. La Restauration était intraitable en fait de bonne gestion financière.

Dès lors, la prospérité revint peu à peu. En 1822, la Commission put rétablir quatre lits, « vu le bas prix des denrées » et aussi en raison de l'affluence des malades. Elle fit des réparations depuis longtemps négligées et replanta les vignes gelées, malgré l'opposition du préfet, d'une incompétence remarquable en cette question. Il trouvait que la maison ne possédait pas assez de ressources pour faire cette dépense et qu'il y avait assez de vignes pour fournir à sa consommation. Les administrateurs lui répondirent avec beaucoup de justesse que la vente du vin était leur principal revenu et servait à acheter le blé dont ils manquaient.

En 1824, deux autres lits furent rétablis et, un peu plus tard, les quatre derniers des dix supprimés cinq ans auparavant. Les malades eurent de nouveau, au repas du soir, du rôti, qu'on leur avait enlevé par suite de la pauvreté de la maison. Enfin, signe de prospérité, l'administration

recommença à faire des placements et mit 2.000 fr. en
rente sur l'État. Elle fit alors une amélioration qui nous
paraîtra bien modeste, en plaçant deux lampes dans les
salles restées jusque-là sans lumière. Ce menu détail
montre l'étroitesse de vie et l'esprit d'épargne d'autrefois,
où l'on était obligé de se priver de beaucoup de choses
qui aujourd'hui nous semblent indispensables.

Cette prospérité, comme on le pense bien, ne fut pas
sans mélange, car dans notre Beaujolais la fortune
publique et privée dépend en grande partie des récoltes,
et celles-ci sont trop souvent exposées aux intempéries
pour qu'on puisse compter sur un rendement assuré.
Ainsi, en 1824, l'hôpital ne fit que soixante-quatre hectolitres à cause de la grêle ; en 1826 et 1827 le vin, de mauvaise qualité, ne put se vendre ni facilement ni à un prix
rémunérateur. En 1828, le blé redevint cher, tandis que le
vin ne se vendait encore qu'à très bas prix, deux circonstances défavorables pour l'Hôtel-Dieu, qui vendait son
vin et achetait du blé. Aussi fut-il en déficit l'année suivante, les recettes ordinaires n'arrivant pas à payer les
dépenses. On songea même un instant à réduire de nouveau le nombre des lits d'un sixième. Mais ce déficit n'était
ni aussi général, ni aussi prolongé qu'auparavant : il ne
portait pas sur tous les revenus à la fois, en sorte qu'on
arrivait toujours à trouver des ressources suffisantes.

D'ailleurs, après 1837, les revenus de l'hôpital ne tar-
dèrent pas à doubler, parce qu'il entra en jouissance
des propriétés des demoiselles de Millière, par la mort
(3 août) de M. Delafond, qui les avait plantées en vignes et
y avait installé tous les accessoires, cuves, pressoirs, etc.,
nécessaires à leur culture. Dix vignerons furent ainsi
créés à la Grange-Charreton, qui dans les années ordi-

naires rapportèrent de quoi faire vivre la maison, et dans les bonnes années permirent de mettre de côté des ressources pour les mauvaises.

En 1840, la situation financière de l'Hôtel-Dieu était assez prospère pour que la Commission songeât à exécuter le projet, formé depuis longtemps, d'établir une salle de vieillards à l'ouest de la chapelle. L'idée de construire une salle en cet endroit fut émise pour la première fois le 6 novembre 1814, par M. Chuzeville, curé des Ardillats, quand il offrit d'acheter à son compte une des trois maisons qui bornaient l'hôpital à l'ouest, pour y construire un nouveau bâtiment. Quelque temps après, il accomplit son offre et donna cette maison, avec une somme de 1.200 fr. Cette idée parut d'autant plus heureuse et fut d'autant mieux acceptée de l'administration que sa réalisation permettait d'isoler complètement l'Hôtel-Dieu de tous les immeubles voisins, en reculant son mur de clôture jusqu'à la ruelle des Gaux.

En conséquence, les années suivantes, on décida d'acheter successivement les maisons ou jardins qui occupaient cet emplacement : en 1827, la maison Fadoux, et en 1828 une petite maison voisine, dans l'intention alors exprimée de faire un asile pour recevoir des vieillards payant une modique pension. L'idée sommeilla pendant dix ans, pour se réveiller en 1839, quand le roi Louis-Philippe donna 600 fr. pour aider à bâtir cet asile. La Commission inscrivit au budget la somme de 4.500 fr., mais elle estimait l'année suivante que la dépense s'élèverait à 25.000 fr. Néanmoins, elle invita deux géomètres à faire le plan et choisit celui de Roubaud ; mais le Conseil des bâtiments préféra celui de Denonfoux, auquel on fit plus tard des

modifications. Après l'achat d'une dernière maison, tout
l'emplacement nécessaire se trouva acquis en 1842 ; on
reconnut alors qu'il était impossible de commencer les
travaux avant deux ans, à cause d'autres réparations plus
urgentes. De nouveaux retards se produisirent pour plusieurs raisons, dont l'une fut le manque de récoltes par
suite de la grande gelée de 1843.

Cependant, le zèle ardent de la Mère Escallier pour
l'agrandissement de l'Hôtel-Dieu, dont elle avait été
nommée Supérieure le 4 mars 1824, ne pouvait s'accom-
moder de ces retards successifs. Il lui fit naître l'idée
sous l'inspiration, m'a-t-on dit, de M. Rampon ancien
missionnaire, de construire, en attendant, le bâtiment de
l'infirmerie des Sœurs situé en façade sur le jardin, à
l'extrémité sud-est de l'aile achevée en 1759. Elle obtint
de l'administration la permission de l'entreprendre à ses
risques et périls ; mais elle n'en reçut aucun aide, à tel
point qu'il n'en est pas fait la moindre mention dans le
registre des délibérations. Il y a plus : on aurait défendu,
m'assure-t-on, aux fournisseurs de rien lui donner à crédit. Malgré cette opposition déclarée, elle mena rapidement les travaux qui, commencés au printemps de 1846
ou 1847, furent terminés l'année suivante.

Ne pouvant avoir un architecte, par crainte de trop
grandes dépenses, elle prit un entrepreneur de Lyon qui
amena ses ouvriers ; elle payait ceux-ci à la fin de chaque
semaine, soit avec ses économies, soit avec le produit des
quêtes qu'elle faisait à la chapelle ou à domicile. Toutes
les Sœurs aidèrent à la besogne, allant chercher à la
rivière les pierres amenées par les grandes eaux pour les
mettre dans les fondations, montant sur les échafaudages,
quand les ouvriers se retiraient à dîner, les matériaux

dont ceux-ci avaient besoin, leur apportant l'eau pour
faire fondre la chaux ; en un mot, faisant toutes les fonctions de manœuvres. Elles montèrent toutes les tuiles sur
le toit la veille de l'Assomption. Ce bâtiment fut vraiment
l'œuvre de la charité et du dévouement.

En 1849, les membres de l'administration s'occupèrent
de faire autoriser l'existence d'un petit cimetière que
les religieuses avaient établi depuis vingt-trois ans pour
elles et pour leurs aumôniers, avec le consentement tacite
de la Commission, sur un emplacement qu'elles avaient
acheté de leurs deniers et clos de murs. Ce cimetière avait
été béni par l'église, mais l'administration supérieure civile
refusait de l'autoriser, malgré l'avis favorable du Conseil
municipal et les sollicitations de la Commission hospitalière. Devant son mauvais vouloir, la Supérieure, Mère
Escallier, s'adressa directement à l'impératrice. L'effet de
cette pétition ne se fit pas attendre : au mois de décembre
1853, la préfecture accorda l'autorisation si longtemps
désirée. On ramena alors dans ce cimetière les corps de
deux religieuses qui avaient été inhumés dans celui de la
paroisse pendant ce temps : Sœur Ruet et Sœur Chaumont.
Il paraît que le corps de cette dernière fut trouvé intact.

Cependant, les administrateurs n'avaient pas renoncé
à leur projet de faire une salle d'asile pour les vieillards ;
ils amassaient peu à peu l'argent nécessaire à sa construction. Le plan ayant été approuvé en 1841 par l'autorité supérieure, ils réservèrent dans les budgets de 1843
à 1847 une somme de 8.148 fr. pour son exécution. Dans
celui de 1850, ils portèrent cette somme à 15.000 fr., pour
la ramener à 10.600 fr. en 1851. Comme les frais devaient
monter à 30.000 fr. d'après le devis, ils résolurent de
suppléer à ce qui manquait par des quêtes faites dans

toutes les paroisses environnantes au moment du jubilé.
Le 28 mai 1852, le préfet donna l'autorisation verbale de
démolir les vieux bâtiments pour construire la nouvelle
salle, qu'on voulait faire par voie de régie, pour raison
d'économie. Celui qui écrit ces lignes se rappelle très bien
cette démolition ; c'est un des souvenirs les plus vivants
de sa première enfance.

Autorisée par le préfet à reconstruire la façade du côté
de la rue sur le même alignement, la Commission décida
enfin, le 14 juillet, que l'on commencerait immédiatement
les travaux, sous la direction de M. Bresson, architecte.
Les pauvres y travaillèrent et les Sœurs s'y employèrent
de toutes leurs forces, comme en 1846. Tout marcha si
rapidement, que la salle était achevée au mois de novembre,
au moins dans son gros œuvre qui avait coûté 15.503 fr.,
fournis par des aumônes et par des quêtes.[1] Grâce au
zèle et à la prévoyance de la Supérieure, on avait jeté en
même temps, le long de la ruelle des Gaux, les fondations
d'une autre aile que l'on devait achever plus tard, quand
les ressources le permettraient.

La nouvelle salle avait été bâtie dans le dessein d'y
mettre des vieillards. A peine achevée, l'administration
décida, sur l'avis des médecins et des Sœurs, de changer
sa destination et de la consacrer aux malades, dont l'affluence devenait de plus en plus considérable. En effet,
c'est une remarque générale à faire ; autrefois, les malades
redoutaient d'aller se faire soigner dans les hôpitaux et
les familles n'aimaient pas à y envoyer leurs parents ;
aujourd'hui au contraire, cette crainte a disparu et, soit
qu'on y donne des soins plus éclairés, soit que le lien de

[1] Les détails de cette construction et la liste des bienfaiteurs qui y
ont coopéré se trouvent à l'appendice nᵒ 18.

la famille se relâche davantage, c'est un fait que les
malades se présentent chaque jour plus nombreux et que
souvent la place manque pour les recevoir.

Les ressources étant épuisées et ne pouvant se renouveler par suite des mauvaises récoltes [1], l'installation de
cette salle tarda à se compléter. Il avait été décidé d'y
mettre six lits *en fer*, pour cause de salubrité, tandis que
les lits des deux anciennes étaient en bois. Deux ans après,
elle n'était pas encore meublée et l'administration, craignant de ne pas avoir assez de revenus pour entretenir
les vingt malades qu'elle pouvait contenir, se contenta d'y
placer provisoirement huit lits. En 1853, ce local servit à
faire le repas de profession de Sœur Jugnet, aujourd'hui
supérieure de la maison, et qui l'année dernière a reçu
une médaille d'honneur, juste récompense des services
rendus aux pauvres par elle et par sa communauté.

La commission s'occupa de préférence à faire la galerie
qui met cette salle en communication extérieure avec les
deux autres salles, ainsi que l'escalier couvert qui de cette
galerie descend à la troisième cour intérieure. Le plan fait
par M. Bresson fut approuvé en 1853. D'après Sœur Badet
de si regrettée mémoire, la nouvelle salle, appelée salle
Saint-Joseph, fut bénite le 29 juillet 1855 et reçut pour la
première fois des malades l'année suivante, lors de l'invasion du choléra. La même année 1855 fut fait le vestibule entre la chapelle et la salle des femmes.

Le projet de bâtir une salle d'asile pour les vieillards

---

[1] Depuis les grandes récoltes de 1847 à 1850, il ne se fit que peu de
vin dans le pays, durant plusieurs années. Ce n'est qu'en 1858 qu'il y
eut une récolte de vin vraiment abondante. En 1854 et 1855, le pain
et la viande, ayant beaucoup augmenté de prix, surchargèrent le
budget de l'Hôtel-Dieu. Celui-ci ne profita même pas des bonnes
années, à cause de la baisse du prix des vins.

n'était pas abandonné. Les bienfaiteurs eux-mêmes y pensaient; ainsi, en 1853, Mme Janson Collomberg légua 10.000 fr. dans ce but. Les fondations, comme nous l'avons vu plus haut, en avaient été préparées d'avance le long de la ruelle des Gaux. Le devis et le plan de cette salle et de la galerie qui la fait communiquer au midi avec la salle des femmes, furent dressés en 1861 par M. Bresson et approuvés en 1863. Les administrateurs, ayant des ressources à leur disposition, décidèrent aussitôt d'en poursuivre la construction. Elle fut achevée à la fin de l'année suivante et bâtie, grâce aux revenus accrus de l'hôpital, avec plus de soin qu'on ne le faisait auparavant, car il y eut pour 5.721 fr. de travaux non prévus au devis. Cette salle, qui pouvait contenir quatorze lits, fut bénite le 29 juillet 1867 par Mgr Callot. Elle n'était pas encore entièrement meublée en 1866. Il arriva pour elle, comme pour la salle voisine, un changement de destination. Le nombre des malades augmentant tous les jours, on renonça à l'idée de la consacrer aux vieillards et on la destina à recevoir les malades.

A peu près à la même époque, la Commission fit une amélioration qui s'imposait et construisit le grand escalier, appelé plus tard escalier d'honneur. L'entrée de l'Hôtel-Dieu était autrefois au milieu de la façade de l'ancienne salle et on y montait par un double escalier qui avançait d'un mètre ou deux sur la rue. Dans le courant de 1856, les ponts-et-chaussées le firent démolir et s'emparèrent du terrain, environ trente mètres carrés, pour rectifier la route. Depuis ce temps-là, l'hôpital fut desservi par un vieil escalier étroit et incommode placé dans la grande cour, devant la pharmacie. Cet escalier menaçant ruine en 1862, la Commission décida de le remplacer par un autre très large et en belles pierres de taille, sur le plan de M. Bresson qui fut approuvé de la préfecture le 11 avril. Le devis s'élevait à 12.000 fr., somme assez considérable, mais les économies provenant de plusieurs belles récoltes permettaient de couvrir facilement cette dépense.

Elle put même compléter cette amélioration par l'agrandissement de la cour d'entrée, qu'elle complanta d'arbres et d'arbustes, et par la pose d'une belle grille sur la rue. Ceux qui ont vu, comme moi, l'ancienne cour et son ancienne entrée, toutes deux étroites et resserrées entre les bâtiments de l'Hôtel-Dieu et une ruelle étroite et malpropre, comprendront toute l'importance de ce changement. Pour l'accomplir, il fallut acheter la maison Teillard en 1861, et la maison avec le jardin Durieu en 1865. Ce dernier immeuble, contigu au magasin des planches, fut exproprié et coûta 20.000 fr. Le plan de la grille d'entrée, proposé par M. Bresson, fut approuvé en 1866.

L'achat du magasin des planches en 1867, au prix de 30.000 fr., augmenta de mille sept cents mètres la superficie du clos de l'hôpital. Il inspira peut-être l'idée de compléter les bâtiments du côté de l'est. Le plan portait le prolongement des deux ailes du nord et du sud jusqu'au mur de clôture de cet immeuble, où on devait les réunir par un autre bâtiment. Ce plan ne fut pas réalisé, je ne sais pourquoi. On se contenta de prolonger l'aile du sud, pour y placer l'aumônerie. Auparavant, les aumôniers habitèrent successivement diverses parties de l'Hôtel-Dieu. D'abord, dans une chambre construite pour eux à côté de la chapelle. Puis dans les deux chambres[1] qui se

---

[1] Le bâtiment qui contient ces deux chambres a été construit en même temps que la salle des femmes, c'est-à-dire de 1792 à 1804, ainsi qu'on peut le constater par les plans de l'architecte Marcus ou Marius et par leurs plafonds à la française qui sont semblables.

trouvent à la place de l'ancienne maison Teillard. Enfin dans le corps de bâtiment construit en 1846 par la Mère Escallier, où se trouvent actuellement l'infirmerie des religieuses et l'économat. La nouvelle aumônerie fut élevée en 1868 et M. Marconnet, l'aumônier, en prit possession l'année suivante.

Tous ces agrandissements ou embellissements se produisirent dans une courte période d'années, grâce surtout aux riches produits des beaux vignobles de l'hôpital qui rendirent alors leur *maximum*. De 1860 à 1866, ses revenus, dont la vigne formait les deux tiers, montèrent en moyenne à 62.000 fr. par an. Il possédait alors environ 100.000 fr. de disponible à la Caisse des Consignations. Cette brillante situation dura encore quelques années, puis elle déclina insensiblement à la suite de quelques mauvaises récoltes et la misère survint par suite de l'invasion du phylloxéra.

On sait quelles pertes et quelles dépenses ce redoutable insecte coûta à tous les pays vignobles et en particulier à notre Beaujolais, dont le vin forme la principale, pour ne pas dire l'unique richesse. En détruisant les vignes françaises, il supprima les deux tiers du revenu de l'Hôtel-Dieu. Les administrateurs, pour subvenir à tous les besoins d'une maison aussi importante, durent recourir à tous les anciens moyens employés au commencement du siècle : réduction des dépenses, pratique d'une rigoureuse économie, suppression d'une salle et diminution du nombre des malades. Comme leurs prédécesseurs, ils firent appel au secours de l'État, mais aussi vainement. Heureusement que leur zèle, joint au dévouement des religieuses, y suppléa, et la reconstitution du vignoble,

poursuivie avec persévérance, vient enfin de mettre un
terme à une gêne et à une souffrance de plus de dix années.
Racontons en détail les péripéties de cette lutte.

Les ravages du phylloxéra avaient été précédés du fléau
de la grande gelée de 1879 à 1880, qui ruina les récoltes
et détruisit une grande partie des vignes. Le 22 juillet
1881, la Commission déclara au préfet que le déficit qui en
provenait serait de plus de 20.000 fr. Pour le combler, elle
demanda au préfet l'autorisation de faire une aliénation
de rentes; elle n'avait pu diminuer les dépenses, parce
qu'il avait fallu faire des frais considérables pour arracher
les vignes mortes et les remplacer par d'autres, et pour
recevoir les nombreux malades amenés par la misère.
Plus tard, des mesures seraient prises afin de réduire le
nombre des lits et rétablir l'équilibre; mais la suppression
de vingt lits ne pouvait se faire trop brusquement à cause
de la situation précaire du pays, dont l'aisance, sans avoir
complètement disparu, avait été considérablement dimi-
nuée par suite des mauvaises récoltes successives.

Les vignes françaises, dont la replantation avait coûté
tant de dépenses, succombèrent bientôt sous les attaques
rapides du phylloxéra, malgré l'emploi énergique du sul-
fure. Non seulement la vigne ne donnait plus de revenu,
mais il fallait faire beaucoup de frais pour la remplacer
par des vignes américaines, et dans les commencements
l'administration n'agissait qu'avec beaucoup d'hésitation
et de tâtonnements, par défaut d'expérience. Les premiers
achats qu'elle fit de plants de vignes américaines datent du
11 décembre 1886; mais elle n'osa pas alors créer de pépinière, crainte d'insuccès et de dépenses inutiles, « cette
combinaison paraissant impraticable et trop coûteuse ».
Un an après seulement, elle décida d'en établir une à

la Plaigne, et obligea tous les vignerons à faire des plants américains, dont huit mille boutures furent achetées; huit mille autres furent demandées à la pépinière départementale d'Albigny, qui en accorda sept cent soixante-six seulement.

Cependant, suivant en cela la pratique de tout le pays, les administrateurs, tout en replantant des vignes greffées, cherchaient par tous les moyens possibles à conserver les vignes françaises par le sulfurage. Ce moyen ne donnait que des résultats incertains et devenait fort coûteux, ce qui diminuait d'autant le produit chaque année amoindri des vignes. Il était difficile, dans ces conditions, de maintenir les mêmes dépenses pour l'entretien de l'Hôtel-Dieu. Malgré toutes les économies, vint un moment où il fallut nécessairement fermer une des salles, celle de Sainte-Madeleine, comprenant vingt lits. Ce fut à contre-cœur que l'administration se résolut à prendre cette grave mesure; l'extrême misère que la disparition des vignobles amena dans le pays aurait exigé, au contraire, qu'on augmentât le nombre des lits pour recevoir une quantité toujours croissante de pauvres et de malheureux.

Cette mesure elle-même ne suffit pas ; la Commission dut en prendre une autre et vendre des titres de rente. Déjà elle avait décidé cette opération dans certaines circonstances exceptionnelles, par exemple pour payer les dettes du legs Meunier en 1885 ; mais elle fut obligée désormais de la renouveler plusieurs fois et sur une plus grande échelle, même pour subvenir aux besoins ordinaires de la maison. Ainsi, devant l'insuffisance du budget de 1886, elle prit le parti d'y suppléer par la vente d'un titre. En 1888, elle reconnut la nécessité de se procurer une somme de 20.000 fr. pour la reconstitution

des vignobles et le paiement de comptes arriérés; le préfet
s'opposa d'abord à ces sortes de ventes et donna la préférence à un emprunt, mais, après quelques pourparlers,
il céda en présence des difficultés de ce système et auto-
risa l'hôpital à faire de nouvelles ventes. La Commission aliéna alors pour 700 fr. de rente.

Quatre ans plus tard elle adressa à l'État une demande
de secours de 20.000 fr. Pour faire comprendre l'étendue
de ses besoins, elle exposa que de 1872 à 1878 la moyenne
annuelle de la valeur de ses vins vendus avait été de
37.101 fr., tandis que depuis l'invasion phylloxérique
cette moyenne s'était abaissée à 8.776 fr. par année. Elle
avait déjà dépensé 32.000 fr. pour reconstituer ses vignes,
et elle était encore obligée de dépenser pareille somme
pour achever cette œuvre. L'État ne se laissa pas toucher
par une telle détresse, et à cette demande de secours
la Commission chargée de la répartition du produit du
pari mutuel répondit : « qu'elle ne fait participer à ces
répartitions que les œuvres nouvelles pourvues des ressources nécessaires à leur fonctionnement, mais qui ne
disposent pas de fonds suffisants pour faire face aux
dépenses extraordinaires de construction ou de premier
établissement qu'entraîne leur création ; que la demande
d'allocation formée par l'hôpital ayant trait à une dépense
d'entretien susceptible de se renouveler périodiquement
ne peut être rangée dans la catégorie de celles que la
Commission a décidé d'accueillir favorablement ».

De telles conditions sont bien élastiques et permettent
à peu près d'accorder ou de refuser à qui l'on veut. Il est
certain qu'avec l'appui d'un homme influent l'hôpital aurait
obtenu l'objet de sa demande d'allocation, car, en réalité,
cette demande avait la principale des deux conditions

exigées par la Commission : elle *n'était pas susceptible*
de se renouveler périodiquement, puisqu'il s'agissait de
la reconstitution totale des vignes de l'Hôtel-Dieu, dont la
nécessité ne se fera pas ressentir une seconde fois, il faut
l'espérer du moins.

L'État refusait donc son concours et se contentait déjà en
1889, par l'organe tantôt du sous-préfet, tantôt du préfet
lui-même, de recommander la diminution des dépenses. A
cela la Commission répondait que c'était chose impossible ;
sur soixante-dix lits, quinze avaient été supprimés depuis
cinq ans ; quant aux cinquante autres, ils étaient de fondation et l'on ne pouvait y toucher. Aucune économie
d'ailleurs n'avait été négligée dans tous les détails du
service et il était difficile d'en faire davantage.

Dans cette ruine et dans cet abandon, la Commission
soutint constamment avec beaucoup de zèle les intérêts
de sa maison. De leur côté, les Dames hospitalières se
multipliaient pour suffire à tout avec le moins de frais
possible et contribuaient même de leurs propres deniers
aux dépenses nécessaires. C'est ainsi qu'elles payèrent
des réparations urgentes à la salle Sainte-Marthe et firent
poser, de leur argent, une cloison vitrée dans le grand
corridor et remettre l'horloge du clocher en état.

Elles firent plus encore en 1891. Les médecins récla-
maient depuis longtemps des salles d'isolement pour
fiévreux et pour maladies infectieuses, avec une salle
d'opération. La pénurie de la maison ne permettait pas
de réaliser cette demande, dont personne ne contestait la
nécessité. Les religieuses se réunirent pour fournir à tous
les frais ; grâce à leur générosité, la salle Sainte-Madeleine
fut divisée en deux parties, destinées l'une aux hommes,
l'autre aux femmes, et parfaitement aménagées pour le

but proposé. On pourrait citer à leur honneur d'autres
actes semblables de générosité, mais il leur sera plus
agréable de les voir passer sous silence, car elles n'at-
tendent pas leur récompense ici-bas. Il convenait néanmoins de montrer que, dans des circonstances aussi critiques, elles accomplirent plus que leur devoir.

Grâce à la réunion de tous ces efforts et de tous ces
dévouements, l'Hôtel-Dieu put traverser sans trop de dommages une crise aussi grave et aussi prolongée. Actuellement, ses beaux vignobles sont reconstitués, ses revenus
augmentent chaque année et arriveront à dépasser ceux
d'autrefois, son budget a retrouvé toute son élasticité et
permet d'accueillir tous les malades qui se présentent. Ils
ne sont plus les mauvais jours où administrateurs et religieuses se voyaient contraints, à leur profond regret, d'en
refuser plus qu'ils n'auraient voulu.

Plaise au ciel que cette prospérité se développe chaque
jour au grand bénéfice des malheureux, et que les dons
affluent de plus en plus pour faciliter l'agrandissement
d'un établissement si utile. Puisse le nombre des bienfaiteurs, à l'exemple de ce qui s'est fait autrefois, s'accroître
au souvenir de cette parole : « Qui donne aux pauvres
prête à Dieu. » Si ce livre aide à provoquer un tel résultat,
l'auteur aura reçu sa meilleure récompense.

LISTE

PRINCIPAUX BIENFAITEURS ET DONATEURS

DE L'HOTEL-DIEU DE BEAUJEU

1240 — Mre Robert de Trémont (*ou* Tresmon), chanoine du chapitre de Notre-Dame de Beaujeu, donne et lègue un lit garni à l'Hôtel-Dieu et un autre à la maladrerie de Revolon, qui plus tard fut réunie à l'hôpital.

Vers 1240 — Thomas de Grandris donne et lègue à l'anachorète (*anacorite*) de Revolon un trentain de messes, et 12 deniers à l'Hôtel-Dieu.

1244 — Bernard Bordon, doyen de Beaujeu, lègue à Revolon 5 sols, à l'hôpital 5 sols, et à treize pauvres, à chacun d'eux une tunique de 3 sols.

1248 — Humbert, chapelain de Belmont et chanoine de Beaujeu, donne par testament à Revolon 12 deniers, et autant à l'Hôtel-Dieu.

1277 — Mre Jean Bruillaz, prêtre, lègue à l'hôpital 2 sous viennois, et à Revolon 12 deniers viennois.

1287 — Mre Guillaume de Curnillon, prêtre et confrère de Notre-Dame de Beaujeu, lègue à l'hôpital 4 sous viennois de revenu annuel, et à la maladrerie de Revolon 6 deniers viennois de revenu annuel.

1296 — Mre Guillaume du Til, sacristain et chanoine du chapitre de Beaujeu, fait un legs de 6 deniers viennois de revenu annuel.

1308 — Jean, curé de Claveisolles, chanoine de Beaujeu,
lègue à l'hôpital un matelas, un coussin et deux draps.

1337 — Jean Duc, doyen de Beaujeu, lègue un lit garni
d'un matelas, d'un coussin et de deux draps; ou bien
20 sous tournois, au choix de son héritier.

1347 — Étienne du Treyve (de Trève *ou* Trivier, *de Tri-
vio*), prêtre, prébendier et maître de chœur du chapitre
de Beaujeu, donne par testament deux draps, un matelas peint et une couverture.

1365 — Thomasse Pacillon, femme d'Étienne Fabri, bourgeois de Beaujeu, fait un legs d'un matelas[1].

1380 — Agnès, veuve de Guillaume Croppet, donne une
partie de la vigne des Étoux, appelée *l'Hôpital*.

1388 — Mre Guillaume de Monceaux, doyen de Beaujeu,
lègue le tiers de tous ses biens.

1401 — Mre Guillaume Dumont, doyen d'Aigueperse et
chanoine de Beaujeu, donne 20 sous tournois.

1418 — Laurent Guinard et Jeannette Belligarde, sa
femme, donnent la moitié de tous leurs biens et un lit
de plume.

1450 — Hugonin de Bisses, bourgeois de Beaujeu, lègue
un lit de plume, une couverture et deux draps.

1450 — Jean Morel, notaire et bourgeois de Beaujeu,
lègue un lit de plume, une couverture et deux draps.

1484 — Pernette, veuve de **** des Mures, de Cenve
(*ou* Chénas? *de Cenne*), donne tous ses biens.

1488 — Messire Jean Chevalier lègue tous ses biens.

1493 — Guillaume Garil, prêtre, prébendier du chapitre
de Beaujeu, lègue la moitié de tout son linge.

---

[1] Toutes les donations précédentes, ainsi que celles de 1401 et
de 1493 qui suivent, sont tirées des testaments des donateurs, aux
archives du Rhône, fonds du chapitre de Beaujeu.

1505 — Mre Jean Ranchel, sociétaire de Saint-Nicolas, donne son lit de plume, une couverture et deux draps.

1529 — Michel Garil, marchand et bourgeois de Beaujeu, « de son temps feict beaucoup de biens et réparations audict hospital », et lui légua 10 livres tournois « pour mectre en réparation ».

1535 — Ponthus Desbrosses, marchand et bourgeois, donna par testament deux couvertures et trois pièces de toile avec lesquelles sa femme fit faire douze draps.

1535 — Mre André de Praye, recteur de l'hôpital, a fait construire la chapelle de Notre-Dame dudit hôpital, outre les 100 livres qu'il devait mettre aux réparations du domaine, « et depuis a meublé ladicte chapelle de paremens d'autel, habillemens et ornemens d'esglise, et a faict d'aultres belles réparations [1] ».

1582 (14 décembre) — Dame Françoise Garil, femme d'Antoine Carrige, marchand bourgeois de Beaujeu, lègue tous ses joyaux et bijoux qui, vendus, serviront à l'achat d'une rente dont le produit sera employé à acheter du blé pour distribuer du pain aux pauvres le Jeudi-Gras.

1585 (3 octobre) — Antoine Carrige père, bourgeois et marchand, donne d'abord le revenu annuel et perpétuel

---

[1] Toutes les donations de 1380 à 1535 sont extraites, sauf celles de 1401 et de 1493, d'une vieille liste sur parchemin contenant les noms des bienfaiteurs de cette époque, qui se trouve aux archives hospitalières de Beaujeu.

Quant aux donations suivantes, à partir de celle de 1582, elles proviennent des testaments (Délibérations, livres de compte et autres papiers des archives de l'hôpital). J'ai rapporté ici, sans aucune exception, toutes les donations du xvie et du xviie siècle que j'ai pu découvrir, quelque minimes qu'elles fussent. A partir de 1700, je n'ai mentionné que celles qui atteignent ou dépassent le chiffre de 400 livres. Les dates sont celles du testament ou de la donation.

de 6 écus 40 sols, puis une somme de 316 écus 47 sols, et enfin cinq *barras* ou un *poinson* de vin.

1586 (12 juin) — Antoine Barjot, sieur des Loges, procureur d'office et bourgeois de Beaujeu, lègue chaque année, à perpétuité, une ânée de seigle, deux bichets de fèves, un poinson de vin et un lard salé. En 1614, une partie de cette donation fut convertie en rente annuelle de 40 livres.

1586 (23 octobre) — Robert Magnin, bourgeois de Beaujeu, donne et lègue 33 écus 20 sols, pour produire un revenu annuel de 2 écus 5 sols.

1591 (28 mai) — Me Jacques Borel, apothicaire à Beaujeu, fait l'hôpital son héritier universel.

1595 à 1600 — Mre Jehan Villet, prêtre habitué de Beaujeu, fait les pauvres de l'Hôtel-Dieu ses héritiers.

1599 (25 novembre) — Hugues de Lafont, clerc à Paris, fils d'Antoine de Lafont, marchand de Beaujeu, lègue à l'hôpital 15 écus d'or sol.

1602 et 1606 — Mre Claude Desbrosses, chanoine de Beaujeu, donne 12 écus d'or sol ou 36 livres tournois.

1612 (17 juin) — Mre Léonard de la Bessée, chanoine de Beaujeu, donne 5 livres tournois.

1613 (1er avril) — Antoinette Perroud, veuve de Jean Michellon, dit Terrel, des Etoux, « pauvre femme retirée à l'Hôtel-Dieu », fait ses héritiers universels les pauvres de cette maison.

1616 (23 mars) — Honnête Jean Goisset, marchand, bourgeois de Beaujeu, et dame Catherine Desbrosses, sa femme, donnent l'annuelle et perpétuelle pension de huit quarterons de froment pour en faire 200 pains d'une livre que les recteurs de l'hôpital devaient distribuer à 200 pauvres de Beaujeu le Vendredi-Saint.

1622 (19 novembre) — Frère Claude Faure, prêtre, novice
au couvent des Récolets de Montferand, lègue deux
rentes de 10 livres à l'hôpital de Beaujeu, par substitution ; les conditions de cette substitution ne paraissant
pas s'être réalisées, le legs a dû devenir caduc.

1623 (10 février) — Honnête Pierre Gojon, marchand,
bourgeois de Beaujeu, lègue 5 livres tournois d'annuelle
et perpétuelle pension.

Avant 1628 — Mᵉ Chrysostôme Hugues, avocat au Parlement, lègue aux pauvres de Beaujeu 100 livres tournois
que sa sœur et héritière, Jane Hugues, femme d'Antoine
Brac, notaire et procureur, remit le 10 février 1628.

1628 (11 juillet) — Claude Dubost donne 25 sols de rente,
d'après un compte de dépenses.

1629 (10 mai) — Mʳᵉ Philibert Carrige, chantre et chanoine de Beaujeu, lègue à l'hôpital 200 livres tournois.

1631 (20 octobre) — Damoiselle Jacqueline de Viril,
femme de noble Just Muneret écuyer, seigneur de la
Tour, de Villié, lègue un matelas, un coussin, deux
draps et une couverture *sardil*.

1638 (1ᵉʳ mai) — Noble Mʳᵉ Claude du Ligier Testenoire,
prêtre, curé de Trades, donne par testament la rente
annuelle de 10 sols tournois.

1640 (19 avril) — Thomasse Dudé, veuve d'Antoine de la
Pierre, corroyeur à Beaujeu, institue les pauvres de
l'hôpital ses héritiers universels pour la plus grande
partie de ses biens.

1646 (1ᵉʳ décembre) — Dame Olive Grégaine, veuve de
sieur Gilbert Faure, bourgeois de Beaujeu, donne une
rente constituée de 8 livres au capital de 159 livres
7 sols 6 deniers. En 1652, elle donna encore une maison « scize au-dessus du pont neuf dudict Beaujeu ».

1654 (24 octobre) — Guillaume Testenoire, curé de Saint-Lager, outre une aumône de quatre ânées de seigle et d'une botte de vin à faire aux pauvres de Beaujeu après son enterrement, lègue 300 livres à l'hôpital, par une substitution qui ne s'est probablement pas réalisée.

1659 (30 mai) — Mre Claude Bruchet, chanoine de Beaujeu, fait un legs d'une maye de 500 fagots rendue chaque année à l'Hôtel-Dieu.

1665 (mai) — Noble Pierre Carrige, conseiller du roi, président au grenier à sel de Beaujeu, lègue 50 livres aux pauvres de l'Hôtel-Dieu.

1665-1667 — Le s^r président Dubost lègue à l'Hôtel-Dieu 20 livres que remet à celui-ci son fils noble Antoine Dubost, conseiller du roi, ancien et premier président de l'élection du Beaujolais.

1666 (21 décembre) — Claude Jacquet, marchand, bourgeois de Lyon, lègue une somme de 300 livres qui fut payée en 1669, et une autre de 900 livres en cas de substitution, si son fils venait à mourir.

1670 (16 avril) — Mre Philibert Barjot, chanoine de Beaujeu, fait un legs de 100 livres.

1673 (1er mai) — Marie Vermorel, veuve de Me Antoine Malon, chirurgien de Beaujeu, lègue 54 livres.

1686 (11 août) — Mre Antoine Denis, prêtre, lègue 200 l.

1690 — Antoine Patissier, sieur de la Fayette, donne 30 livres par son testament.

1693 (27 avril) — Mre Jean Barjot, chanoine de Beaujeu, lègue à l'hôpital 250 livres et lui fait substitution de tous ses biens, « en cas qu'il vienne à manquer des Barjot ».

1705 (27 novembre) — Jean Olivier, chanoine de Beaujeu, donne 6.000 livres par donation entre vifs.

1706 (8 mars) — M⁀ Jacques Gaitte, curé de Quincié et de Marchamp, lègue six draps et une obligation de 1.000 livres.

1708 (8 mai) — Damoiselle Marguerite Girson, veuve de s⁀ Claude Morin, institue les pauvres de l'Hôtel-Dieu ses héritiers. (Ses biens meubles et immeubles ne paraissent pas avoir valu plus de 5 à 600 livres.)

1708 (28 juin) — M⁀ Crespin Brac l'aîné, chanoine de Beaujeu, donne à l'hôpital son domaine appelé *Chez-le-Mort* (ou *le More*), au Charnay, composé de 35 ouvrées de vigne et d'un pré avec les bâtiments.

1708 (17 août) — M⁀ le Duc d'Orléans, régent de France, fait don d'un terrain dépendant de son domaine. (Il s'agit ici, je crois, d'une petite place, située devant l'hôpital, qui lui fut donnée en 1708.)

1708 (5 novembre) — M⁀ Richard, curé de Larajasse, donne une vigne de quinze à seize ouvrées, située à Quincié, lieu des Oliviers.

1711 (11 juin) — Dame Pierrette Saunier, veuve de Claude Burdin, marchand de Beaujeu, nomme l'Hôtel-Dieu son héritier universel.

1712 (19 février) — S⁀ François Fadoux, marchand de Beaujeu, fait un legs d'un capital de 1.000 livres.

1715 (5 mars) — M⁀ Jean-Chrysostôme Reverchon, curé de Régnié, fait les pauvres de l'hôpital ses héritiers universels. (Cette succession, assez importante, se réduisit à rien par suite des charges trop fortes et surtout des pertes considérables éprouvées à sa réalisation.

1715 (15 novembre) — M⁀ Claude de Thibaut de Thulon, prieur de Netty, donne par testament tous ses biens, à condition que l'hôpital entretiendra autant de lits qu'il y aura de 100 livres de rente dans son hoirie.

1720 (décembre) — Mme la marquise de Vaudreuil fait don de 1.000 livres.

1721 (27 avril) — Mre Pierre Delestra, premier aumônier de l'hôpital, lègue à celui-ci 200 livres et une partie de ses effets. Une note des Délibérations dit qu'on trouva encore dans sa succession 1.055 livres en espèces. En 1706, il avait déjà fait donation à l'hôpital de tous ses immeubles, ou tout au moins de 600 livres.

1721 (8 octobre) — Mre Pierre Depheline, seigneur de Ruyère, conseiller du roi, lieutenant particulier au baillage de Beaujolais, laisse par testament 2.000 livres aux pauvres de l'Hôtel-Dieu.

1724 (21 août) — Mme Depheline de Ruyère, femme du précédent, lègue à l'hôpital une somme de 2.000 livres, « à condition d'y avoir et entretenir un lit ».

1725 (7 août) — Louis Bertrand, maître maçon des Étoux, et Pierrette Bernard, sa femme, donnent une maison et deux jardins aux Étoux, avec une vigne de cinq ouvrées à Lantignié, près des Chappes.

1725 (août) — Mre Antoine Saulnier, docteur en théologie, curé de Saint-Jean-le-Château, institue pour ses héritiers universels les pauvres de l'Hôtel-Dieu. Déjà il leur avait donné 800 livres en 1713, moyennant une rente viagère de 40 livres, et en 1717 payé 1.300 livres pour partie d'un cellier acheté par l'hôpital, auquel il céda cette somme, avec la rente, en 1718.

1728 (mai) — Sœur Odette Fratrais, première supérieure de l'hôpital, lègue 100 livres à la maison, après lui avoir fait, de son vivant, « des largesses et libéralités très considérables ».

1729 (7 mars) — Philiberte Barbery, veuve de Benoît Dupalais, tisserand, laisse par testament deux petites maisons vendues 800 livres, plus 185 livres en argent ou en mobilier.

1729 (6 décembre) — Mre Antoine Barrel, curé de Chenelette, fait donation de 600 livres.

1729 (11 décembre) — Demoiselle Marie Chatenay, fille majeure, de Beaujeu, donne 1.200 livres, moyennant une rente viagère de 84 livres, à laquelle elle renonce l'année suivante, en entrant dans la maison en qualité de simple servante sans aucun salaire. Elle fit son testament en faveur de l'hôpital en 1745 ou 1750.

1732 (30 juillet) — Mme la marquise de Varennes donne 1.000 livres par acte testamentaire.

1732 (12 novembre) — Mre Joseph Perrachon, ancien curé d'Emeringes, lègue son domaine situé au Mas des Saignes, paroisse de Chiroubles.

1733 (6 décembre) — Marie Bernillon, fille majeure, de Beaujeu, institue l'hôpital son héritier universel, sa succession allant de 600 à 700 livres.

1735 (2 ou 11 juillet) — Dame Marguerite Richard, veuve de s^r Étienne Monnet, maître ouvrier en bas de soie, de Lyon, lègue 1.000 livres.

1737 (22 août) — Dame Antoinette Depheline, religieuse hospitalière de l'Hôtel-Dieu de Beaujeu, fait les pauvres de cette maison ses héritiers universels.

1738 (24 novembre) — Mre Jean Fontneuve, curé de Fleurie, offre 3.000 livres pour fonder un lit dans l'hôpital.

1740 (4 janvier) — Marguerite Richard, servante, nièce de dame Marguerite Richard, lègue une petite maison et une petite vigne estimées 600 livres.

1740 (mai) — Sr Jacques Foersard, maître cordonnier, donne à l'hôpital où il est mort tous ses meubles et effets, dont la vente produisit environ 400 livres.

1,740 (3 novembre) — Dame Marie Arthenier de Laurencin, comtesse de Paphy (*ou* Paffit), à Avenas, donne 3.000 livres à l'hôpital. Le 2 février 1739, elle lui avait déjà donné son domaine du Mas des Saignes, à Chiroubles, à condition d'y laisser à perpétuité le fermier qui payera 200 livres et une benne de navets.

1741 (7 janvier) — Christine Rolin, native de Layne, en Mâconnais, s'engage à travailler au service de la maison « en qualité de servante domestique » pendant toute sa vie et sans gages ; de plus, elle remet 600 livres dont elle touchera la rente et qui demeureront aux pauvres après son décès. Le 28 juillet 1739, elle légua encore une somme de 200 livres.

1743 (6 janvier) — Jacques Desportes, conseiller du roi, contrôleur général alternatif et mi-triennal du bureau des finances, des domaines et bois de la généralité de Lyon, lègue 1.000 livres à l'Hôtel-Dieu.

1744 (6 août) — Mre Claude-Joseph Sarrazin de la Pierre, prêtre licencié en droit canonique, lègue à l'hôpital, par substitution, la somme de 4.000 livres qui lui fut payée en 1773, avec intérêts.

1747 (18 septembre) — Françoise Lespinasse, veuve de Jean Villeret, maître cordonnier de Beaujeu, crée pour ses héritiers universels les pauvres de l'hôpital, auxquels elle avait déjà donné, vers 1737, sa maison d'habitation, sise près de la Corsaterie.

1749 (18 novembre) — Demoiselle Jacqueline Letellier, de Beaujeu, lègue une somme de 1.000 livres, payable en cinq années.

1752 (25 mai) — Mre Ranguis, curé de Saint-Germain-la-Montagne, fait offrir aux recteurs un don de 100 pistoles (1.000 livres).

1752 (2 août) — Marc Botton, de Propières, mort à l'hôpital, lègue aux pauvres de la maison une somme de 200 livres et une autre de 400 livres.

1753 (29 août) — Mre Pierre de Bellefond, ancien curé de Varenne et de la Clayette, fait un legs de 750 livres aux pauvres de l'Hôtel-Dieu.

1754 (2 janvier) — Mre Antoine Guillin, curé d'Ouroux, offre la somme de 3.000 livres pour fonder un lit en faveur de sa paroisse.

1755 (6 septembre) — Claude Saulnier de Curtieux, bourgeois de Beaujeu, lègue 1.200 livres aux pauvres de l'Hôtel-Dieu.

1759 (25 novembre) — Mre Antoine Robiou, docteur en théologie, curé de Régnié, lègue une somme de 3.000 livres « payable sitôt après son décès ».

1760 (16 mai) — Mre Étienne-François Bel, curé de Quincié et de Marchamp, fit à l'hôpital un legs important qui, par suite des frais et des procès, fut réduit à 1.365 livres 6 sols 3 deniers.

1760 (31 octobre) — Le s^r Trolieur, de Villefranche, donne 500 livres par testament mystique.

1761 — Mre Mathieu de Lafont de Pougelon, théologal de Beaujeu, fait un legs de 1.200 livres.

1763 — M^r l'abbé **** Guillot lègue 3.000 livres.

1766 (15 septembre) — Antoine Durieu, bourgeois de Quincié, fit don par testament d'une somme de 1.000 l.

1772 (19 septembre) — Mr François Roujoux, sieur de Fécampt fit un legs de 1.200 livres à l'hôpital, qui intenta un procès aux héritiers pour se faire payer. L'affaire traîna en longueur. Le 17 ventôse an X, les administrateurs s'en occupèrent de nouveau. « Nous prévoions, écrivaient-ils, que les héritiers termineront à l'amiable cette affaire. » La terminaison fut, sans doute, que Mme de Fécampt, veuve de M. de Laroche, fit en 1813 une dotation pour 100 messes basses à dire à l'hôpital (condition imposée par M. de Fécampt dans son legs), et, de plus, une donation de 6.000 livres pour fonder un lit. Le legs de M. de Fécampt n'a donc pas été perdu et on peut inscrire son nom dans la liste des bienfaiteurs.

1773 (27 mars) — Mre Antoine Pressavin, prêtre, chanoine de Beaujeu, lègue une rente annuelle de 41 livres 9 deniers au principal de 820 livres 15 sols.

1780 (3 mai) — Mre Jacques Varenard, ancien chantre et chanoine de Beaujeu, offre 8.000 livres aux recteurs, et le 18 mai suivant il fait un legs de 16.000 livres à l'hôpital. Il fut convenu avec son héritier que la somme totale de 24.000 livres serait employée à la fondation de quatre lits.

1781 (30 août) — Mre Philippe Rolet, curé de Lantignié, lègue à l'hôpital une somme de 3.000 livres.

1781 (septembre) — Sieur Antoine Robat, bourgeois de Beaujeu, fait un don de 800 livres.

1785 (4 décembre) — M. Damien Varenard, bourgeois de Beaujeu, fait don de 500 livres à l'hôpital ; le 19 du même mois, il en fit un autre de 1.200, et un troisième de 180 livres avant son décès, arrivé le 18 juillet 1786. Enfin, par son testament, il lui laissa la somme de 1.700 livres.

1785 (13 décembre) — Mre Charles-Étienne de Noblet, marquis d'Anglure, offre en donation la somme de 12.000 livres pour deux lits. Le 22 février 1787, il fait une seconde donation de pareille somme pour la fondation de deux autres lits.

1789 (7 juin) — M. Benon, notaire royal et négociant à la
   Chapelle de Guinchay, fait offrir 6.000 livres pour la
   fondation d'un lit.

1789 (juin) — Demoiselle Marie-Nicole Gonnet, bour-
   geoise à Beaujeu et ancienne hospitalière, lègue à
   l'Hôtel-Dieu la pharmacie qu'elle tenait en sa maison.

1792 (27 février) — M. Augustin Montgolfier fabricant
   de papier aux Ardillats étant mort, son frère, Charles
   Montgolfier, prêtre et tuteur des enfants, fait don à
   l'hôpital, à titre d'œuvre pie et au nom de la famille,
   d'un assignat de 300 livres.

An II (26 fructidor) — Nicolas Georgerat, marchand à
   Beaujeu, ayant fait *descier* à son *serroir* 91 douzaines
   et demie de planches et plusieurs pièces de bois pour
   le nouveau bâtiment de l'hôpital, « prie celui-ci de recevoir le cadeau du prix dudit desciage ».

An IX (20 fructidor) — Mlles Anne et Suzanne de Millière,
   dames de la Terrière, font remettre 2.650 livres tournois pour servir à la construction de la nouvelle salle.
   Déjà, le 1er mai 1788, elles avaient fait un premier don
   de 173 livres 10 sols.

1806 (9 mai) — Mlle Suzanne de Millière, en son nom et
   au nom de sa sœur Anne, lègue à l'hôpital la grange
   Charreton, « à la charge d'établir quatre lits de plus pour
   les malades et de payer la rente annuelle de 600 francs
   léguée par elle aux pauvres de Régnié ».

1808 (19 novembre) — Mme de la Barmondière fait don
   de 600 francs tournois (*sic*) pour être employés au paiement des vingt lits établis dans la nouvelle salle. Au
   mois de novembre 1813, elle envoya encore 100 livres
   pour les besoins pressants de l'Hôtel-Dieu.

1810 (4 mars) — M. Aimé Janson, avocat et notaire à

Beaujeu, fait don d'un contrat de rente de 100 livres au capital de 2.000 livres.

1810 (4 juin) — Dame Jeanne-Marie Depardon, veuve de Philibert Depardon, dit Bachelon, offre une somme de 8.000 fr. tournois à condition qu'on lui fera une pension annuelle de 100 francs et qu'on la recevra à l'hôpital sa vie durant. (L'acte fut passé le 4 février 1811.)

1811 (20 janvier) — M. Pierre Delafond, négociant et propriétaire à Régnié, fit donation entre vifs à l'Hôtel-Dieu de son domaine de la Thuilière, à Claveisolles, estimé 30.000 livres, et d'une somme de 22.000 livres, représentée par une créance sur le sieur Trouillet ; le tout était destiné à fonder et à doter huit lits dans la salle nouvelle, dont un pour Claveisolles, un pour Saint-Didier et six pour Régnié. Il fit en même temps abandon de plus de 10.000 francs qu'il avait dépensés pour faire placer à ses frais les dix-huit lits de la nouvelle salle et pour diverses autres réparations. En outre, dans les besoins pressants de l'hôpital, il lui fit plusieurs fois des avances importantes, dont le total fut évalué, en 1827, à 9.900 francs.

Enfin, le 26 novembre 1826, il lui donna, par testament olographe, « les cuves, pressoirs, marchons de cave et autres agrès servant à la confection des vins, tel que le tout se trouvera à son décès dans le cuvage et caves de la grange Charreton, ainsi que toutes les autres impenses » qu'il y aura faites alors. Tous ces effets mobiliers furent estimés 5.600 francs, lors de l'entrée en possession de l'hôpital en 1838.

1812 (1er février) — M. Pierre-Marie-Espérance Dumas, ancien curé de Quincié, lègue une somme de 1.200 francs aux pauvres de l'Hôtel-Dieu.

1813 (14 septembre) — Dame Jeanne-Marie Roujoux de
  Fécampt, veuve de François de Laroche, rentière à
  Beaujeu, fait une dotation de 100 messes basses à célébrer chaque année au prix de un franc par messe. Le
  10 novembre 1813 elle fait don de 6.000 francs à l'hôpital, qui sera tenu de recevoir un pauvre malade de la
  ville de Beaujeu.

1815 (14 avril) — Dame Antoinette Saint-Didier, veuve de
  Philibert Laforêt, propriétaire à Beaujeu, lègue une
  somme de 600 francs.

1815 (8 mai) — M. François Cheuzeville, curé des Ardillats, fait don d'une maison et jardin qu'il avait acquis
  au prix de 4.800 francs, à laquelle somme il ajouta
  1.200 francs pour parfaire celle de 6.000 francs nécessaire pour fonder un lit; il se réserve pour lui et pour
  les membres de sa famille le droit de présenter un
  malade pour ce lit.

1815 (9 juin) — Mme Louise Balley, veuve de Jean-Marie
  Georgerat, lègue aux pauvres de l'Hôtel-Dieu la somme
  de 400 francs.

1815 (13 août) — M. Pierre Janson, docteur-médecin à
  Beaujeu, donne 4.000 francs dont l'intérêt sera « appli-
  qué à fournir un accroissement d'honoraires au médecin qui fera le service interne des malades ».

1815 (26 août) — M. Jean-Baptiste Bataillon, ancien
  aumônier de l'hôpital, institue cet établissement pour
  son héritier universel. Sa succession monta seulement
  à 677 francs; il avait donné son patrimoine à sa famille
  et était logé et nourri à l'hôpital sans payer.

1815 (17 octobre) — M. François Trouilloux, desservant
  d'Ouroux, fait donation de la nue-propriété de trois
  contrats de rente de 165 francs au capital de 3.300 fr.

Il semble que cette donation fut annulée pour n'avoir pas été acceptée par l'administration ou approuvée par le gouvernement du vivant du donateur.

1816 (2 avril) — Demoiselle Catherine Aujoux remet, au nom d'une personne inconnue, une somme de 600 francs pour servir aux besoins de l'Hôtel-Dieu.

1816 (16 octobre) — M. Varenard de Billy, ancien avocat, propriétaire à Lantignié, fait un legs de 1.000 francs.

1817 (2 novembre) — Demoiselle Jacqueline-Pierrette Janson, de Vernus à Régnié, fait donation pure et simple à l'hôpital de la somme de 2.000 francs.

1821 (11 août) — M. Claude Janson lègue à l'Hôtel-Dieu la somme de 600 francs.

1823 (1er novembre) — Mme Antoinette Malachard, épouse de Léonard Bailly, de Villié, lègue 400 francs.

1824 (15 juillet) — M. Aimé Janson, notaire à Beaujeu, fait un legs de 600 francs en faveur de l'hôpital; il renouvelle aussi un don fait précédemment en 1810 d'un contrat de rente au capital de 2.000 francs.

1825 (16 août) — M. Pierre Giraud, rentier à la Villette, Paris, lègue sans charge la somme de 11.000 francs, qui fut réduite à 8.878 francs.

1827 (26 mai) — M. Jean-Louis Varenard de Billy fait donation d'un capital de 7.000 francs, à la charge de faire célébrer annuellement et à perpétuité 200 messes basses à l'intention de sa famille. Cette somme fut employée à acheter la maison Fadoux, voisine de l'hôpital.

1831 (3 juin) — Dame Marie-Anne Janson, veuve de M. Jean-Baptiste Vibert, de Beaujeu, lègue une rente annuelle de 300 francs, au capital de 6.000 francs, pour fonder un lit dans l'hôpital, et une somme de 600 francs pour établir ce lit.

1832 (20 avril) — Mme Claudine Janson, veuve d'Aimé Janson, lègue 400 francs.

1832 (23 septembre) — M. Vincent Bouillard, aumônier de l'hôpital, fait donation d'un contrat de rente de 100 francs, au capital de 2.000 francs, dont sa nièce, Jeanne Bouillard, Sœur hospitalière à Beaujeu, aura la jouissance sa vie durant. Il désire qu'après le décès de sa nièce, cette rente « soit employée à procurer le laitage aux malades, ou bien qu'elle puisse contribuer à la fondation d'un lit... pour les pauvres de Montsols ».

Et en 1846 (4 mai) la Commission l'admet comme pensionnaire gratuit, à cause « des bienfaits nombreux qu'il a répandus dans l'hôpital. » Outre la rente précédente de 100 francs, « il a encore fait don d'une somme de 4.000 francs pour acheter un pré dont l'hôpital jouit actuellement ». En 1852, il a donné une autre somme de 900 francs pour la nouvelle salle.

1835 (5 novembre) — Mme Marie-Anne Farjot, veuve Jonnery, propriétaire à Quincié, fait don de 6.000 francs pour la fondation d'un lit en faveur de cette commune.

1837 (23 février) — M. François Varenard, avocat à Lyon, lègue 6.000 francs, sans charge spéciale.

1837 (22 juin) — M. Henri Desroches, curé de Ranchal, fait donation de 3.000 francs, à la condition qu'il serait créé un demi-lit pour les pauvres malades de sa paroisse.

1838 (1er janvier) — Certificat signé à cette date par les administrateurs, attestant que M. Chaumont, curé, a fondé les deux tiers d'un lit pour la commune de Saint-Germain. (Aucune autre pièce. Il paraît que l'argent de cette donation ne fut jamais versé.)

1838 (21 juin) — M. Benoit Odin, propriétaire à Mussy, en sa qualité d'héritier de M. Antoine Odin, son frère, décédé curé de Saint-Nizier d'Azergues, et pour *se conformer à sa volonté*, fait donation à l'Hôtel-Dieu de 3,000 francs, « à la condition que la commune de Saint-Nizier d'Azergues aurait pour ses malades indigents la fondation perpétuelle d'un demi-lit ».

1839 (15 juillet) — M. Claude-Aimé Thévenon, propriétaire aux Halles-le-Fenoil, canton de Saint-Laurent de Chamousset, pour se conformer à la volonté de sa tante, Madeleine Thévenon, veuve de Claude Testenoire notaire, qui l'avait constitué son héritier à cette condition, lègue à l'hôpital les propriétés qu'il possédera lors de son décès dans le canton de Beaujeu, à la charge de faire dire chaque année douze messes basses pour le repos de l'âme de cette parente, et douze autres pour lui-même après sa mort. Par un codicille du 18 octobre 1842, il donne la plus grande partie de ces biens à M. Couderc, en laissant à l'Hôtel-Dieu la maison Testenoire, achetée en 1847 par la ville 8.000 francs pour faire la place de la Liberté, avec un jardin vendu 751 francs, et une partie du mobilier vendu 2.000 francs.

1840 (8 février) — Mᵐᵉ Jeanne Labruyère, propriétaire à Montsols, lègue à l'hôpital la nue-propriété d'un pré et de deux terres, situés dans cette commune, dont elle laisse la jouissance à sa nièce et, après elle, à son neveu, leur vie durant. Ces immeubles furent vendus 1.298 francs en 1875.

1840 (9 février) — Mˡˡᵉ Rose d'Aigueperse, rentière, fait un legs de la somme nécessaire, jusqu'à concurrence de 14.000 francs, pour la fondation de deux lits en faveur de Chiroubles et de Quincié. La somme nécessaire pour cette fondation fut fixée à 13.200 francs.

1841 (10 août) — Mᵐᵉ Marie-Thérèse-Françoise Bottu de

la Barmondière, chanoinesse, lègue, sans charge particulière, une rente annuelle de 500 francs, rachetable au
capital de 10.000 francs.

1843 (29 novembre) — En son nom et au nom de plusieurs
autres personnes charitables, M. Jean-Marie-Louis
Breuil, curé de Villié, fait donation de 2.200 francs,
provenant de leurs libéralités, dans le but de compléter
la fondation d'un lit à l'hôpital pour les pauvres de cette
commune, laquelle fondation existait déjà pour les deux
tiers. La présentation des malades indigents de Villié à
ce lit entier doit être faite par le curé avec le maire de
cette paroisse.

1844 (1er novembre) — Par son testament de ce jour et
par son codicille du 13 juin 1845, Mme Marie-Louise
Gaudet, épouse de M. Jacques-François Terrel, de
Villié, impose à son héritière l'obligation de fonder un
lit à l'hôpital au profit des pauvres de Villié. Le prix
de ce lit fut fixé à 6.600 francs.

1847 (20 décembre) — Demoiselle Marguerite Circaud,
ancienne Sœur hospitalière de Beaujeu, domiciliée à
Sainte-Cécile, canton de Cluny, lègue une somme de
1.400 francs sans aucune charge.

1849 (3 septembre) — M. Jacques Bussière, curé de Saint-
Bonnet des Bruyères, promet de faire à l'Hôtel-Dieu
l'abandon de 24.000 francs, à condition qu'on lui en
servira l'intérêt à raison de 6 0/0 par an. L'acte fut
passé le 14 juin 1850, par lequel il céda 26.000 francs,
moyennant une rente viagère au taux de 6 0/0.

1852 (17 juin) — M. Jean-Baptiste Durieu, propriétaire à
Beaujeu et banquier, lègue 6.000 fr. pour fonder un lit.

1852 — Liste et offrandes des principaux souscripteurs
pour la construction d'une nouvelle salle. Les Dames

hospitalières, par différentes quêtes faites entre elles à diverses époques, ont donné 1.225 francs; Mme Ruet, hospitalière, 1.900 francs; M. Bouillard, ancien aumônier, 600 francs; M. Garon, ancien aumônier, 1.000 francs; Mme Duingle, hospitalière, 1.000 francs; Mme Bailly, hospitalière, 900 francs; Mme Guillon, hospitalière, 400 fr.; M^m¹ Augustin, hospitalière, 300 francs; Mme Escallier, supérieure, 2.452 francs.

1853 (6 janvier) — Mme Jeanne-Françoise Collemberg ou Colembert, veuve de M. Pierre Janson, rentière à Beaujeu, fait un legs de 10.000 francs pour contribuer à l'établissement de la nouvelle salle.

1854 (14 janvier) — Mme veuve Gambin, née Dugendre, donne différents objets mobiliers estimés en tout à 400 francs.

1855 (7 juillet) — MM. Antoine Dumoulin, de Durette, Jean-Louis Dumoulin, de Saint-Germain-la-Montagne, et Denis Dumoulin, de Régnié (ce dernier au nom de son père Jean-Marie Dumoulin, de Saint-Igny de Vers), font donation entre vifs, chacun pour un tiers, de la somme de 5.400 francs pour la fondation de trois quarts d'un lit, en faveur des pauvres malades de Saint-Igny de Vers qui seront envoyés par un des membres de la famille Dumoulin y résidant ou, à leur défaut, par le curé de la paroisse.

1856 (7 juin) — M. Claude-Marie Rampon, prêtre, curé de Pensacola (État de la Floride, États-Unis), fait don de 7.200 francs en espèces, destinés à la fondation d'un lit, dans la nouvelle salle, pour un indigent de Beaujeu ou un membre de la famille du fondateur.

1857 (1er juillet) — M. Joseph-François Durnérin, propriétaire à Marchamp, demeurant à Paris, et Mme Sophie

Delplanque, sa femme, font donation à l'hôpital d'une somme de 7.200 francs pour la fondation d'un lit en faveur des malades indigents de Marchamp.

1857 (11 août) — Mgr Nicolas-Augustin de la Croix d'Azolette, ancien archevêque d'Auch et chanoine de Saint-Denis, demeurant à Régnié, a fait donation d'un capital de 7.200 francs « affecté à la fondation d'un lit dans la nouvelle salle, pour y recevoir un indigent malade de la commune de Propières et, à défaut, de celle d'Azolette, sur la présentation de MM. les curés de ces communes ». — Et l'année suivante :

1858 (27 septembre) — Le même Mgr de la Croix « donne et lègue à l'hôpital, pour les revenus être employés au soulagement des pauvres malades, principalement ceux des paroisses d'Azolette, Propières, Régnié et Lantignié, ses propriétés de Régnié, dites à la Plaigne et à la Combe, situées dans les communes de Régnié, Durette et Lantignié, à la charge de différents legs ». L'hôpital ne fut autorisé à accepter que jusqu'à concurrence des deux tiers de ce qui resterait après le prélèvement des charges. Ces propriétés furent vendues 95.000 francs environ. L'hôpital acheta la Plaigne.

1859 (26 mars) — M. Benoit Ducharne, propriétaire et cafetier à Chenelette, lègue 500 francs à l'hôpital, « afin qu'il puisse y être admis un plus grand nombre de malades de cette commune ».

1859 (12 septembre) — M. Claude-Victor Testenoire, avocat à Lyon, fait un legs de 500 francs, à la charge de faire célébrer annuellement deux messes pour lui et pour ses parents.

1868 (22 juillet) — Mme Anne-Marie-Honorine Durieu, née Trichard, lègue une somme de 8.000 francs « destinée à la fondation d'un lit de vieillard qui sera affecté particulièrement à la commune de Saint-Didier ».

1869 (28 avril) — Mme la comtesse de Harenc de la Condemine lègue 8,000 francs à l'hôpital, « à l'effet de fonder un lit gratuit pour un pauvre malade de la commune de Saint-Jacques des Arrêts ».

1870 (10 avril) — M. Jacques-François Terrel Gaudet, maire de Villié, lègue la somme nécessaire pour fonder un lit au profit de sa commune.

1874 (23 octobre, codicille) — Demoirelle Louise Granger fait à l'hôpital un legs gratuit de 2.000 francs.

1874 (31 décembre et codicille du 28 novembre 1875) — M. Antoine-Marie Desgouttes, de Ranchal, lègue à l'hôpital sa propriété de Ranchal, sans réserve, sauf la jouissance du quart pour sa femme, « à la charge de recevoir et soigner gratuitement les malades pauvres des deux sexes de Ranchal en nombre aussi grand que comportera la valeur de la propriété ».

1880 (28 juillet) — Mme Adrienne-Marie Marchand, veuve de M. Étienne-Mathieu Meunier, propriétaire à Belmont, lègue ses biens meubles et immeubles, sauf sa maison d'habitation et les meubles y contenus, à la charge de faire divers legs et de fonder deux lits en faveur des indigents de la commune de Belmont, « exprimant le vœu que l'hôpital reçoive le plus grand nombre possible de malades pauvres de cette commune ».

1882 (26 janvier) — On remet à l'Administration, de la part de sœur Ravier, qui l'a reçue d'une personne inconnue, une somme de 2.000 francs.

1883 (24 mars) — Mme Constance-Mélitine Troncy, veuve de Xavier-Napoléon Marchand, rentière à Beaujeu, fait un legs de 3.000 francs à l'Hôtel-Dieu.

1885 (29 janvier) — Mme la supérieure annonce à la Commission « que Mme Étiennette Bailly, Sœur hospitalière de Beaujeu, décédée le 23 avril 1880, a laissé entre ses mains la somme de 8.000 francs pour la fondation d'un lit en faveur des pauvres de Villié-Morgon. Le 8 avril 1885, elle passe l'acte de donation de cette somme, et M. Louis Bailly, frère de la donatrice, fait de son côté donation de 2.000 francs pour compléter les 10.000 francs nécessaires à la fondation d'un lit.

De plus, tous les frais de cette donation, soit 2.150 francs, sont payés par une personne inconnue.

1886 (11 octobre) — Mlle Marie-Magdeleine Rampon, rentière, demeurant à Marchamp, lieu des Bons Claude, lègue la somme de 6.000 francs pour fonder un lit.

1887 (mai) — Louis-Claude Roche, domestique de l'hôpital pendant trente-neuf ans, a remis en mourant à Mme la Supérieure la somme de 1.000 francs pour réparer la salle des hommes.

1887 (21 juin) — Mlle Marie Marconnet, nièce et héritière de M. Marconnet, ancien aumônier, fait un don de 1.000 francs, en témoignant le désir que cet argent soit employé en une amélioration rappelant le souvenir de son oncle. (Cette amélioration, d'après une décision de la Commission, fut la plaque de marbre contenant les noms des bienfaiteurs.)

1887 (17 novembre) — M. Léon-Joseph Gaudet, propriétaire à Villié, charge M. Claude Gaudet, son cousin et légataire universel, de fonder un lit au profit de Villié-Morgon (10.000 francs).

1890 (mai) — Mme Amélie Guillard, supérieure de l'Hôtel-Dieu, laissa en mourant une somme suffisante (non inscrite) pour servir à la réparation de la salle St-Joseph.

1892 (21 avril) — Mme Louise Jugnet, supérieure, fait donation à l'hôpital de la somme de 6.000 francs, reçue de Mlle Geneviève Fontvieille, sœur de M. Jean-Marie Fontvieille, ancien curé de Saint-Didier, à condition de donner 100 francs par an à l'aumônier, en augmentation de son traitement, et de faire dire annuellement quinze messes pour le repos dudit M. Fontvieille, au nom duquel ces 6.000 francs ont été versés, ainsi que d'autres sommes montant à environ 4.000 francs.

1892 (20 juillet) — M. Benoit Larfouilloux, propriétaire à Beaujeu, fait donation de 5.000 francs pour fonder un demi-lit destiné à un malade indigent de cette ville présenté, après lui, par le curé de la paroisse Saint-Nicolas.

1892 (14 octobre) — Mlle Claudine Duchardet, de Marchamp, fait remettre 600 francs par Mme la Supérieure, désirant « témoigner ainsi sa reconnaissance pour les soins que les malades de sa commune reçoivent à l'hôpital ».

1893 (9 août) — Mme Marie Cartillier, de Saint-George de Reneins, veuve de Mathieu Norgelet, fait un legs de 2.000 francs.

1894 (20 mars) — M. Nicolas Méras, propriétaire à Beaujeu, lègue 500 francs nets de tout frais et sans condition spéciale.

LISTE SUPPLÉMENTAIRE

DES

BIENFAITEURS DE L'HOSPICE DE BEAUJEU

1280 — Dalmace Morel, chanoine de Lyon . . .   12 s.

1692 (environ) — François du Chassin, rente de.   10 l.

1710 et 1714 — Paul Légier, prêtre. . . . . .   275 l.

1710 à 1720 — Chrysostôme d'Aigueperse et Antoinette sa fille. . . . .   359 l.

1710 — Demoiselle Bélichon, de Lyon. . . . .   100 l.

1712 — Cl. Bottet, curé de Saint-Jean le Château.   300 l.

1715 — Jean Hugues Berthelon. . . . .   200 l.

1716 — Étienne Bailly, de Quincié . . . . . .   150 l.

1719 — Mr Poncet, curé de Quincié . . . . . .   200 l.

1720 — Antoine Monternier et sa femme. . . .   240 l.

1724 — Mr de la Pierre . . . .   220 l.

1728 — Noble Louis Butty, avocat au Parlement.   200 l.

1729 — Jean Rolet, bourgeois de Rousset . . .   200 l.

1729 — Mr de Fécampt . . . .   150 l.

1729 et 1747 — Antoine Joly et sa femme . . .   200 l.

1730 — Guy Durieu, bourgeois de Quincié. . .   300 l.

1734 — Demoiselle Isabelle Brac, Beaujeu . . .   200 l.

1735 — Mre Galland, chanoine théologal du chapitre de Beaujeu. . . . .   100 l.

1740 — Benoit Ducoté et Étiennette Coquerel, sa femme, de Morgon. . . . .   300 l.

1748 — Demoiselle Angélique Brac, Beaujeu . .   100 l.

1751 — Sieur Dabry, Beaujeu . . . .   100 l.

1756 — Claude Amant, mercier à Beaujeu. . .   100 l.

1761 — Demoiselle Philiberte Teillard, Beaujeu.   100 l.

1764 — Demoiselle Charlotte Varenard, Beaujeu.   100 l.

1767 — Marie Varenard, veuve Rollet . . . . .   100 l.

1770 — Marie-Anne Dumas, veuve Stolinverk. .   300 l.

1771 à 1773 — Mr Girot de Varenne. . . . . .   120 l.

1771 à 1774 — Mr et Mme de la Poype . . . . .   440 l.

1773 — Anne Baratin, Beaujeu. . . . .   250 l.

1779 — Marie-Anne Pressavin, femme Cuissot.   200 l.

1780 — Aimé Vibert, marchand à Beaujeu . . .   100 l.

1787 — Mme Dasnière, hospitalière à Beaujeu. .   200 l.

1788 à 1791 — Mr de Bussy, seigneur de Villié,
· six pièces de vin.

1813 — Jean-Marie Badet, Beaujeu . . . . . .   240 f.

1814 — Marie-Françoise Benon, femme Teillard.   100 f.

1817 — Jean Bouillard, domestique à Montsols.   200 f.

1817 — Marguerite Augay, veuve Teillard . . .   100 f.

1826 — Marie Velu, Beaujeu, son mobilier.

1827 — Mention d'un legs de 3.000 francs par
· M. Guillien, curé (douteux).

1827 — Dlle Marie Fadoux, rentière à Beaujeu. .   200 f.

1829 — Claudine Nesme, veuve Teillard, Étoux.   300 f.

1839 — Benoît Sombardier, domestique à Saint-
· Nizier d'Azergues. . . . .   200 f.

1845 — Jacques-Antoine Gambin, Beaujeu. . .   200 f.

1853 — Mme veuve Pardon, née Lafont. . . . .   200 f.

1877 — Antoinette Nicolas, religieuse à l'hôpital
· de Margnac-Laval . . . .   200 f.

RÈGLES ET STATUTZ[1]

DE

L'HOSTEL - DIEU DE BEAUJEU

*Duement homologués par l'Évêque diocésain
du 21° juin 1720*

Depuis plus de quatre siècles, un hospital étant étably à Beaujeu pour le soulagement des pauvres, les consuls et les recteurs en distribuoient les revenus aux plus nécessiteux et principalement aux malades. Mais il y a environ quinze années qu'un chanoine du chapitre de cette petite ville leur ayant donné une somme de six mil livres, ils firent bâtir sur les ruines de cet ancien hospital une sâle (*sic*) dans laquelle ils établirent douze lits pour les pauvres malades, et, du consentement de Monseigneur l'Évêque de Mâcon, ils y receurent pour les servir des Sœurs hospitalières de l'Hostel-Dieu de Villefranche, qui s'y obligèrent conformément à leurs statutz.

Les aumônes augmentantz tous les jours, et Dieu donnant sa bénédiction à cet établissement, pour le rendre plus solide, les habitantz du dit Beaujeu, de concert avec Messieurs du chapitre, ont fait, sous le bon plaisir de Monseigneur l'Évêque de Mâcon, les règlementz qui suivent :

---

[1] Dans la suite on fit plusieurs fois des règlements, surtout en 1819, mais ils n'avaient pas l'importance de ces statuts. Ils s'occupaient exclusivement de l'organisation intérieure et de la bonne gestion des domaines ; c'étaient des règlements purement administratifs.

CHAPITRE PREMIER

L'Hostel-Dieu de Beaujeu sera soumis entièrement à la juridiction de Monseigneur l'Évêque de Mâcon et à Messieurs les grands-vicaires pour l'administration des sacrementz, célébration de la sainte messe, réformation des mœurs, et s'en raportera audit seigneur du nombre des Sœurs que l'on y doit recevoir et de toutes les difficultés qui pourroient arriver tant au spirituel qu'au temporel.

CHAPITRE SECOND

Des Supérieurs spirituels

La conduite spirituelle de l'Hostel-Dieu sera confiée à deux ecclésiastiques de bonnes mœurs, dont l'un sera nommé Supérieur et l'autre aumônier. Ils auront soin de faire exécuter les fondations, tant des vivantz que des mortz, et tâcheront d'exciter la dévotion des peuples envers les pauvres, et ils ne pourront recevoir aucuns présentz, legs, donnations ou constitutions testamentaires d'aucunes des prétendantes, novices et professes.

CHAPITRE TROISIÈME

Du Supérieur

Lorsqu'il sera nécessaire de nommer le Supérieur ou Père spirituel, Messieurs les consuls et administrateurs de l'Hostel-Dieu présenteront à Monseigneur l'Évêque un ecclésiastique considérable par sa doctrine et par sa vie exemplaire, pour être par le dit seigneur nommé et institué à la direction spirituelle de l'Hostel-Dieu, du consentement et agrément des religieuses hospitalières. Le Supérieur ne sera pas logé aux dépens des pauvres et n'aura aucuns gages ou esmolument, mais fera le tout par charité. C'est pourquoy on tâchera de choisir pour cette charge un ecclésiastique qui ait un bénéfice.

Outre les soins qu'il doit avoir en général de procurer en toutes choses l'avantage de l'Hostel-Dieu, particulièrement en ce qui regarde le bien spirituel soit des pauvres, soit des Sœurs hospitalières ; ses fonctions particulières seront :

Premièrement, de visiter tous les mois la maison et parler en particulier aux malades, scavoir si rien ne leur manque, soit pour le spirituel, soit corporel, et tâcher d'en procurer le remède, s'il peut trouver quelque manquement.

Secondement, il ouira en confession les Sœurs hospitalières et leur donnera quatre fois l'année un confesseur extraordinaire, suivant le Concile de Trente.

Troisièmement, il fera observer et pratiquer de tout son pouvoir les règlementz faitz pour la direction de cette maison, et particulièrement ceux qui sont pour les Sœurs ; et pour cet effet il les assemblera tous les mois pour leur faire une exhortation et leur expliquer leurs règles.

Quatrièmement, il aura grand soin de procurer et d'entretenir la paix entre les Sœurs, empêchant les murmures et inimitiés particulières.

Cinquièmement, lorsqu'il aura avis de quelque faute considérable dans quelqu'une des Sœurs, il en avertira la Supérieure pour la corriger et même, s'il le juge nécessaire, il le fera luy-même, et lorsqu'il le trouvera à propos et que le cas le requérera, il pourra à huis-clos, en présence de la Supérieure et des Sœurs, reprendre celle qui aura failly et lui ordonner la pénitence qu'il croira nécessaire, ce qui se fera avec prudence et après avoir pris

l'avis de la Supérieure et des anciennes, se donnant bien garde de ne se point laisser aller à sa passion ou à celle d'autruy.

Sixièmement, il prendra soin de bien examiner la vocation des filles qui se présenteront pour être admises au nombre des hospitalières; il leur donnera l'habit de novice et de professe luy-même, lorsqu'il sera temps de les recevoir, ou en indiquera quelque autre à sa place.

Septièmement, lorsque les novices ou professes seront obligées de sortir pour quelques jours de l'Hostel-Dieu, elles ne pourront le faire sans la permission du Supérieur.

Il luy sera permis de se retirer et discontinuer ce charitable employ quand bon luy semblera, en avertissant le Conseil deux mois auparavant; comme aussi ledit Conseil, le jugeant à propos et nécessaire, pourra prier Monseigneur l'Évêque de changer le Supérieur et en nommer un autre.

CHAPITRE QUATRIÈME

De l'aumônier

L'on fera choix pour aumônier de l'Hostel-Dieu d'un ecclésiastique qui soit capable, et par sa doctrine et par ses mœurs, de bien s'acquitter des obligations de sa charge.

Après que l'aumônier aura été aprouvé par Monseigneur l'Évêque, il sera logé aux dépens de l'Hostel-Dieu le plus près qu'il se pourra faire, en sorte néantmoins que sa maison n'y ait aucune entrée.

Ses fonctions seront : premièrement, de dire tous les jours la sainte messe ou de la faire dire à l'Hostel-Dieu, à sept heures et demi en été, et en hyver à huit heures.

Secondement, il sera obligé de confesser une fois la

semaine les Sœurs, de les assister à la mort, et pour chacune d'icelles qui viendra à décedder il récitera tout bas dans la chapelle vespres et les vigiles des mortz.

Troisièmement, dez qu'un pauvre malade aura été admis en l'Hostel-Dieu, il aura soin de l'ouir au plus tost en confession, de luy administrer la sainte communion, lorsqu'il le trouvera suffisamment disposé. Pour cet effet, il tâchera autant qu'il pourra d'être assidu dans la maison, afin de pourvoir aisément aux beseoins des malades tout aussy tost qu'il sera apellé, surtout pour les agonisans, et leur rendre les autres devoirs de charité que son office demande.

Quatrièmement, il visitera tous les jours les malades pour les consoler et les exciter à porter patiemment leurs misères et maladies ; il les instruira et leur fera deux fois la semaine le catéchisme du pauvre, veillant soigneusement à leur salut et prenant garde qu'ils ne meurent sans l'extrême-onction. Il sera bon qu'il suive en cela ce que prescrit le catéchisme du Concile de Trente, qui est de ne point attendre que les malades ayent perdus tout sentiment pour administrer ce sacrement.

CHAPITRE CINQUIÈME

Des administrateurs temporels

Il y aura cinq administrateurs temporels du bien des pauvres, sçavoir : un président tiré du corps du chapitre de Beaujeu, qui se nommera de trois ans en trois ans par élection et non point par rang, conformément à l'usage étably, les deux consuls, et deux recteurs ; lesquels s'assembleront à l'hospital tous les premiers dimanches de chaque mois, et commenceront entre midy et une heure, sauf au président ou autres administrateurs de faire des assemblées extraordinaires, quand le bien des pauvres le requérera. On ne traittera dans cette assemblée, et on y décidera rien que touchant les affaires qui regardent le bien temporel des pauvres, et ce sera le président tiré du chapitre qui prendra les voix et décidera toutes les affaires par la pluralité.

On évitera toutes contestations, et il sera permit à un chacun de dire son avis modestement et de l'apuyer par raison, autant qu'il le jugera à propos; mais l'affaire étant mise en délibération et concluc à la pluralité des voix, on ne contestera plus, et chacun y acquiescera.

On ne résoudra rien sans avoir mit l'affaire en délibération et sans avoir demandé en particulier l'advis à un chacun, quoyque l'affaire parroisse de très peu d'importance et sans difficulté.

Et pour donner plus de liberté à chaque particulier du Conseil de dire son avis avec sincérité et selon sa conscience, le président proposera simplement l'affaire dont il sera question sans faire connoître son sentiment, après quoy il commencera à recueillir les voix par les derniers en rang, et ne dira son avis que après que tous les autres auront opinés.

L'un de ceux de l'assemblée sera élu tous les ans par le Conseil pour être secrétaire, laquelle charge il exercera aussy lohgtemps qu'il sera jugé à propos par le Conseil des pauvres, quand même il n'auroit plus de charge qui luy en donnast l'entrée; et en ce cas il n'auroit point de voix délibérative.

Le secrétaire aura un livre dans lequel il tiendra un fidèle registre du jour de l'assemblée, dè ceux qui s'y seront trouvés, et de ce qui aura été proposé et déterminé, et ce registre demeurera ordinairement dans la chambre destinée pour les assemblées, dans une armoire, et chaque délibération sera signée de ceux qui seront à l'assemblée et du secrétaire ; et lorsque par maladies ou quelques autres raisons que ce soit, le secrétaire ne s'y pourra trouver, les délibérations seront escrittes sur une feuille et après incérées dans le livre.

L'heure prescrite pour l'assemblée étant arrivée, ceux qui s'y trouveront délibéreront et conclueront les affaires occurentes sans estre obligés d'attendre les autres, et en ce cas le plus ancien des recteurs qui s'y trouvera présidera ; néantmoins dans les affaires importantes on ne résoudra rien que le président n'y soit, et les deux recteurs.

Lorsqu'il s'agira de quelques affaires qui auront rapport au service divin, ou qui concerneront les Sœurs, on ne pourra rien conclure si le Supérieur n'y est présent, lequel sera pour lors invité d'assister au Conseil.

La Supérieure assistera au Conseil avec sa compagnie, et pourra proposer ce qu'elle jugera à propos.

CHAPITRE SIXIÈME

Des recteurs

Messieurs le juge, le procureur fiscal, les deux consuls et les deux recteurs s'assembleront en la chambre du Conseil pour nommer conjointement, le jour de saint Thomas, à la pluralité des voix, un recteur pour trois années en la place de celuy qui devra sortir de charge ; en laquelle assemblée lesdits sieurs recteurs auront tous deux voix pour ladite nomination, et celuy qui sera nommé fera le serment le jour de sa réception, suivant la formule qui suit.

Formule du serment que doivent prester Messieurs les recteurs à leur réception

« Je jure et proteste, pour la part que je prétends en paradis, que autant qu'il me sera possible je procureray le bien des pauvres de cette ville, et ne consentiray jamais à aucune chose qui soit contre leur utilité et avantage. Pour cet effet, je promets d'observer et faire observer, autant qu'il sera en mon pouvoir, les règlementz de l'Hostel-Dieu, d'assister le plus souvent que je pourray aux assemblées, et y dire avec sincérité et sans respect humain mon avis, selon que je croiray en ma conscience. »

Le nouveau recteur, la première année, n'aura aucune fonction que d'assister au Conseil, aider l'ancien recteur dans les choses dont il sera prié, et en son absence supléer à son deffaut.

Les deux dernières années, il aura soin de toute l'économie de l'Hostel-Dieu, recevra toutes les aumônes et legs qui seront faitz, comme aussy les revenus et rentes tant des biens de l'ancien domaine des pauvres que de ceux dont ils ont hérités, fera les grosses provisions de bled, de vin, de bois et autres danrées nécessaires pour les pauvres, et générallement disposera fidellement et avec grand soin de l'argent qu'il recevra, lequel il tiendra ordinairement dans l'armoire de la chambre du Conseil, sans en pouvoir divertir aucune chose que pour les nécessités de la maison.

Il fournira tous les mois à la Supérieure ou dépensière l'argent nécessaire pour la dépense journalière de la maison et des pauvres malades, dont il luy sera rendu compte tous les trois mois.

Il visitera souvent l'Hostel-Dieu, et aura soin que les bâtimentz et héritages apartenantz aux pauvres soient

bien conservés. Pour cet effet il fera faire les réparations
ordinaires, et avertira le Conseil lorsqu'il sera nécessaire
d'en faire d'extraordinaires affin qu'on y pourvoye.

Entrant dans sa charge, il mettra par inventaire tout
ce qui luy sera mit entre les mains, et tiendra dans un
livre un compte exact de recepte et de dépense, suivant
lequel il rendra ses comptes, le temps de son administration étant finy, à celuy qui devra entrer en charge après
luy ; à laquelle reddition Monsieur le juge, Monsieur le
procureur fiscal, avec ceux qui composent le Conseil ordi
naire, assisteront.

CHAPITRE SEPTIÈME

Des officiers subalternes

Ces officiers sont le médecin et le chirurgien qui seront
apellés par les recteurs ou la Supérieure de l'Hostel-Dieu
suivant la nécessité. Le choix à l'égard du médecin sera
fait par le Conseil des pauvres chaque année et, à l'égard
du chirurgien, il n'y en aura point de déterminé, mais
ceux qui seront receus et résidans dans la ville serviront
dans l'Hostel-Dieu les uns après les autres, à tour d'année, à commencer par le plus ancien, et continuer par
ordre de leur réception ; moyennant telle somme qui sera
jugée à propos par le Conseil devoir être payée chaque
année au médecin, et chirurgien, lequel néantmoins on
continura autant de temps qu'il servira bien les pauvres,
et que le Conseil en sera content.

Et si quelque Sœur se trouve propre pour quelques
fonctions de chirurgie, le chirurgien sera invité par le
Conseil de ne luy pas refuser son ayde en tout ce qui
pourra dépendre de luy pour l'en rendre capable, affin

que l'on puisse par ce moyen secourir plus aisément, à toutes heures et à moins de frais, les pauvres malades.

Signé : GARIL, RICHARD, GALLANT théologal, ROLET, GIRSON et MYAUD (*ou* MYARD).

Michel Cassagnet de Tilladet, évêque de Mâcon, à tous présentz et avenirs (*sic*). Les règlementz cy dessus, divisés en sept articles et contenus en huit pages, nous ayant été présentés pour être par nous approuvés, confirmés et ratiffiés, affin que, par ce moyen ayantz toute leur force et vigueur, on puisse les faire observer en tous leurs pointz, et les faire accomplir exactement en toutes occasions par ceux qu'il apartiendra. Vû les susditz statutz, désirant de contribuer au bon ordre de l'Hostel-Dieu de Beaujeu, de nostre diocèse, nous avons aprouvés, confirmés, et ratiffiés, approuvons, confirmons et ratiffions les présentz statutz et règlementz ; ordonnons qu'ils seront exécutez selon leur forme et teneur.

Donné à Mâcon en nostre palais épiscopal, sous notre seing et celuy de notre secrétaire, l'an mil sept cent vingt, et le vingt-unième jour du mois de juin.

Signé : MICHEL, évêque de Mâcon ; et plus bas : par Monseigneur, signé : PÉGUT secrétaire.

Extrait pris et collationné sur les originaux desdites pièces cy dessus, à moy exibés et à l'instant retirés par maître Jean-Baptiste Dumas, greffier demeurant à Beaujeu, recteur de l'Hostel-Dieu de Beaujeu, pour servir et valoir ce que de raison, par moy notaire royal au balliage de Beaujollois, soubsigné, ce dixième juillet mil sept cent trente-quatre. — DUMAS, recteur. ROLET, notaire royal.

Contrôlé à Beaujeu le 11e juillet 1734.

Reçu neuf sols.   CANARD.

APPENDICE

1°

Rentes du Prince dans les prévôtés de Beaujeu, de Varennes et d'Aloignet

I

Rente de la prévôté de Beaujeu. — État et quittance des servis du clos de l'Épervier deus au Prince (du 24e juillet 1715)[1]

L'hospital de Beaujeu doibt annuellement à la rante de Beaujeu, appartenant à Son Altesse Royalle Mgr le Duc d'Orléans : argent 10 sols viennois ; vin 121 potz.

1709 vin à 4 s. (*sic*) le pot, cy . . .	30 l. 5 s.
1710 vin à 4 s. (*sic*) le pot, cy . . .	30 l. 5 s.
1711 vin à 1 s. 6 d. (*sic*) le pot[2], cy .	12 l. 2 s.
1712 vin à 1 s. le pot, cy	6 l. 1 s.
1713 vin à 3 s. le pot, cy	18 l. 3 s.
1714 vin à 2 s. 3 d. le pot, cy . . .	18 l. 3 s.
A reporter. . .	114 l. 19 s.

[1] J'ai emprunté la plupart des titres et sous-titres de cet appendice aux pièces originales elles-mêmes, où ils figurent en tête ou au dos, et je leur ai conservé leur orthographe propre.

[2] Dans ces trois premières années, sur l'original, le prix du pot de vin était porté à 5 sols pour les deux premières, et à 2 sols pour la dernière ; on l'a ensuite baissé au chiffre ci-dessus reproduit, mais sans faire la correction à chaque total, qui devrait être respectivement de 24 l. 4 s., 24 l. 4 s. et 9 l. 1 s. 6 d.

Report. . .	114 l. 19 s.

Argent pour six années, le sol vien-
nois réduit en tournois, monte cy. . .   3 l.   6 s. 6 d.

Pour le double servis au changement
du recteur, suivant la reconnoissance
de Mᵉ Jean Chevallier, qui est de trois
septiers et deux quartes de vin à 3 sols,
cy. . . . .   15 l.   3 s.
                                    _____
                                    133 l.   8 s. 6 d.

II

Rente de la prévôté de Varennes. — États des servis dûs par l'Hôtel-
Dieu de Beaujeu à Mʳ Rivière, fermier de Mᵍʳ le Duc d'Orléans

L'hôpital de Beaujeu tient et possède, de la rente noble
de la prévôté de Varennes, sçavoir :

1º Une parcelle de vigne située en la paroisse de Lentignié, appellée le grand Plantier, au lieu des Champeaux,
contenant deux mesures ou environ..., sous l'annuel et
perpétuel cens et servis divisé et égallé (la vigne ayant été
divisée) d'un denier et picte parisis, des cinq sixièmes
d'un coupon de froment, d'un coupon et un sixième de
seigle, un coupon et deux tiers d'avoine, et de la douzième
partie d'un pot de vin, mesure de Varennes.

2º Une autre parcelle de vigne, située audit lieu et
jadis appellée de la Gresle, contenant cinq mesures et
demy..., sous l'annuel et perpétuel cens et servis divisé et
égallé de six coupons et deux tiers de seigle, et d'une
mesure quatre coupons et un quart d'avoine, mesure
susdite.

3º Une vigne située en ladite paroisse, lieu dit aux
Chappes et jadis au Mortier, contenant trois mesures et

les quatre cinquièmes d'une autre…, sous l'annuel et perpétuel cens et servis divisé d'une quarte, deux pots et les quatre cinquièmes d'un autre pot de vin, mesure susdite.

Sommaire annuel : argent 1 1/2 d.; froment 5/6 coupons; soigle 7 5/6 coupons; avoyne 1 mesure 5 11/12 coupons; vin 1 quarte 2 53/60 pots, mesure de Varennes.

Les servis cy dessus sont dûs de vingt-huit années échues à la Saint-Martin 1754.

Argent pour 28 ans . . .	3 s. 6 d.
Froment.	3 l. 14 s. 7 d.
Soigle.	24 l. 18 s. 6 d.
Avoyne	24 l. 18 s. 8 d.
Vin.	44 l. 0 s. 4 d.
	97 l. 15 s. 7 d.

III

Compte pour l'Hôtel-Dieu de Beaujeu donné par Mr Billoud pour les servis dubs à la rente du Prince dans les prévôtés de Beaujeu, de Varennes et d'Alloignet.

L'hôpital de Beaujeu doit annuellement à la rente noble de la prévôté d'Alloignet appartenante à S. A. S. Monseigneur le duc d'Orléans, savoir :

Argent, 5 l. 4 s. 5 d. vien., valant 5 l. 16 s. 1 d. 1/8 tournois.
Froment, 1 mesure 11 coupons 1/2 ⎫
Seigle, 25 — 8 — 19/48 ⎬ mesuré de Beaujeu
Avoine, 75 — 4 — 5/6 ⎭
Poule, 3 35/48.

Plus doit à la prévôté de Varennes :

Argent, 1 d. 1/2 tournois.
Seigle, 6 coupons 2/3 ⎫
Avoine, 1 mesure 4 coupons 1/4 ⎬ mesure de Varennes
Vin, 1 quarte 2 pots 2/3 ⎭

Plus doit à la prévôté de Beaujeu :

Argent, 10 sols viennois valant 11 s. 1 d. 1/3 tournois.

Vin, 1 asnée 6 quartes mesure de Beaujeu, dont 1 asnée 2 quartes doublent à chaque changement de recteurs, qui se doit faire tous les trois ans, le dernier doublement échu à la Saint-Martin 1767.

Doit pour 1770, le 17e déduit sur les carcabaux et l'avoine à 12 s., savoir :

A Beaujeu, avec le dou-
blement . . . . . 63 l. 11 s. 1 d.
A Varennes . . . . . 5 l. 4 s. 8 d. } 184 l. 14 s. 7 d.
A Ouroux. . . . . . 115 l. 18 s. 10 d.

 Pour quatre ans en 1774 :

A Beaujeu, avec le dou-
blement pour 1773. . 134 l. 4 s. 4 d.
A Varennes . . . . . 19 l. 5 s. 8 d. } 635 l. 2 s.
A Ouroux. . . . . . 481 l. 12 s.

Pour 1775 : aux trois rentes . . . . . 129 l. 14 s. 8 d.

Pour 1776 : aux trois rentes et le doublement. . . . . 152 l. 1 s.

Pour 1777 : aux trois rentes . . . . . 134 l. 1 s.

Pour 1778 : aux trois rentes . . . . . 167 l. 15 s. 4 d.

Pour 1779 : aux trois rentes et le doublement . . . . 168 l. 19 s. 5 d.
             ——————
             1572 l. 8 s.

Sur quoi payé le 4e avril 1775 par un mandat sur Mr Truchot de Villefranche de la somme de quatre cent cinquante livres. . . . . 450 l.
               } 810 l.
Du 10e février 1777, payé par Mr Teillard trois cent soixante livres. . . . . 360 l.
             ——————
Reste pour solde . . . . 762 l. 8 s.

Quittance de servis par le fermier du prieuré de Vaurenard (voir p. 109)

(Fac-similé réduit de 1/8e)

Ayant droit, j'ai receu de Monsieur Teillard, trésorier de l'Hôtel-Dieu de Beaujeu, la somme de deux cent quarante livres à compte du montant cy dessus, dont quittance sans préjudice du surplus et de touts autres droits.

A Beaujeu ce 31ᵉ may mil sept cent quatre vingt.

BILLIOUD.

Nota. — Que ces mêmes servis étant payés chaque année sur la valeur réelle de la danrée, ainsi que l'on est en droit de les exiger, il y a une perte réelle pour le fermier sur la totalité, de 196 l. 13 s. 3 d., devant monter à 1769 l. 1 s. 3 d. à laquelle on devroit avoir égard.

IV

L'hôpital de Beaujeu doit aux rentes nobles des prévôtés de Beaujeu, Varennes et Alloignet pour 1788 à 4 l. 6 s. le froment, 3 l. le seigle, 14 s. l'avoine et 2 s. 6 d. le pot de vin, monte, avec le doublement d'une asnée et deux quartes de vin, mesure de Beaujeu, à 184 l. 16 s.

Note ajoutée à ce compte : Le compte ne monte qu'à 180 l., et Mᵉ Billioud voulant bien faire quelque modération en faveur de l'hôpital, il faudra lui délivrer un mandat de 150 l.

V[1]

Quictance de servis du fermier du prieuré de Vaulregnard

Je soubzsigné, André Raisie, pour et au nom de mon beau-père sieur Anthoine Janin, fermier du prieuré de

[1] Les trois quittances suivantes s'appliquent à des servis dus sur des biens appartenant à l'Hôtel-Dieu par suite d'achats ou de donations connus.

Vaulregnard, confesse avoir receu de sieur Françoys d'Aygueperse, bourgeoys de Beaujeu, le servis deubt par luy à cause dudict prieuré sur certain pré et terre scitué à Ouroux, et c'est asçavoir de la recognoissance de feu sieur Loys d'Egueperse, son père, de quatre ans escheux à la Sainct-Martin d'hiver dernière. Duquel servis je me contante et promet aquiter envers mondict beau-père et tout autre qu'il apertiendra. Faict ce cinquiesme mars 1643.

J'appreuve la prezantte, combien que d'aultre min soist escritte. — A. REYSSYE.

Quittance des servis de la Pierre pour l'Hôtel-Dieu de Beaujeu, pour la maison vendue au sieur Lamure jusqu'en 1728

Comme chargé du recouvrement des arrérages de servis et laodz deus à la rente noble de la Pierre, recognoist avoir receu de sieur Jean Pierre Robat, l'un des recteurs de l'Hôtel-Dieu de Beaujeu, la somme de vingt une livres pour les arrérages de servis et pentions deus par ledit Hôtel-Dieu, de neuf années escheues à la Saint-Martin dernière; lesdits servis et pentions deus et impozés sur la maison provenue de messire Anthoine Saulnier, que ledit Hôtel-Dieu a vendu au nommé Lamure, le quatriesme aoust dernier, dont je quitte et promet faire tenir quitte envers ledit seigneur de la Pierre et tous autres.

Faict à Beaujeu ce vingtiesme octobre mil sept cent vingt huict. — DABRU.

Quittance du fermier du Prince, à Ouroux, des servis deubs en 1734

En qualité de fermier des rentes nobles de Son Altesse Sérénissime Mgr le duc d'Orléans, j'ay receu de Messieurs les présidents et recteurs, et par les mains de Monsieur

Desgperce (*sic pour* d'Aigueperse) receveur de l'hôpital
de Beaujeu, la somme de 84 livres pour les servis d'une
année, échue à la Saint-Martin dernière, deue par ledit
hôpital à la rente d'Ouroux; dans laquelle somme est
compris celle de cinq livres pour droit de laod annuel.
Plus, j'ay receu la somme de unze livres pour une année
échue comme cy-dessus, à cause de la rente de la prévosté
de Beaujeu, dont quitte à Villefranche ce seizième janvier
mil sept cent trente cinq. — PESANT.

2°

Collation de l'hospitalerie faicte par le sacristain du chapitre, curé de Beaujeu

Philippus Darbin, sancte sedis appostolice prothonotarius,
sacrista ecclesie collegiate Beate Marie Bellijoci ac curatus
ecclesie parrochialis Sancti Nicolay dicti Bellijoci, Matisconensis diocesis, dilecto nostro Johanni Tibaudin clerico
salutem in Domino. Capellaniam seu vicariam perpetuam
Beate Marie hospitalis Bellijoci, dicte Matisconensis diocesis, per clericos seculares hactenus gubernari solitam, hac
ab antiquo de quindecim libris turonen. annui et perpetui
redditus dotatam, nunc liberam et vacatam per mortem
discreti viri domini Bertholomei de Brueria presbiteri,
quondam ipsius capellanie possessoris et ultimi rectoris
pacifici, cujus presentacio, provisio, collacio, institucio et
quevis alia disposicio ad nos, racione dictarum sacristie et
cure nostre simul unitarum, pleno jure dignoscuntur per-
tinere, vobis, licet absenti, sufficienti et ydoneo in personam
viri honesti Johanni (*sic*) Ficat, procuratori vestro presenti
et acceptanti nomine vestro contullimus et donavimus, con-

ferimusque et donamus per presentes cum suis juribus et pertinensis (*sic*) universis. Investimus vos ac in possessionem vel quasi induximus per anulli nostri tradicionem et concessionem, salvo jure nostro et quolibet alieno, recepto prius a dicto procuratore vestro pro vobis corporale juramentum (*sic*), quod nobis et successoribus nostris eritis obediens et fidelis, jura dicte capellanie sive hospitalis servabitis et non alienabitis, ceteraque facietis que veri capellani seu hospitalarii facere et inplere debent. Quocirca vicario nostro vel primo presbitero dicte ecclesie nostre Sancti Nicolay burgi Bellijoci, aut alio quocumque *(sic)* super hoc requirente, tenore presencium mandamus quathinus vos, aut procuratorem vestrum pro vobis et nomine vestro, in possessionem realem, corporalem et actualem capellanie et hospitalis predicte, juriumque et pertinenciarum, ponat et inducat, inductumque deffendat, et de fructibus, proventibus et emolumentis ipsius respondeat, faciatque ab illis quorum interest responderi, pariri et obediri, adibitis solemnitatibus in talibus fieri assuetis. In cujus rei testimonium sigillum nostrum proprium presentibus litteris duximus apponendum, et signo nostro manuali easdem signavimus. Datum in claustro castri Bellijoci domoque habitacionis nostre sacristie, die decima tercia mensis januarii, in exitu vesperorum castri Bellijoci, anno Domini millesimo quingentesimo septimo ; presentibus discretis viris dominis Petro Yvernadi presbitero, societario dicte ecclesie Sancti Nycolay Bellijoci, Johanne Darcy etiam presbitero choriali dicte ecclesie collegiate Beate Marie castri Bellijoci, et nobili Claudio Naguti, testibus ad premissa astantibus et rogatis. — P. DARBIN.

De mandato dicti domini prothonotarii et sacriste Bellijoci. — MALACHERD.

Au dos on lit :

Anno et die quibus retro, infranominatus Johannes Tibaudin clericus fuit missus in possessionem realem, corporalem et actualem rectorie et hospitalis retroscriptorum per dominum Anthonium Monchanin presbiterum, in personam dicti Johannis Ficat ejus procuratoris, per tactum altaris, per tradicionem habitus dicte capelle, per sonum campane, per introitum et exitum dicte capelle et domus dicti hospitalis, servatis solemnitatibus assuetis; et hoc fecit prout sibi mandabatur, nemine contradicente nec se opponente; presentibus viris discretis dominis Petro Yvernadi et Claudio Granerii, presbiteris consocietariis dicte ecclesie burgi Bellijoci, testibus ad premissa astantibus et rogatis. — MONCHANINI.

(Arch. du Rhône, fonds du chap. de Beaujeu, cote 372.)

Nota. — Il existe une autre collation de la même chapellenie faite quatre jours plus tard par Pierre Yvernadi, sociétaire de l'église Saint-Nicolas, qui se donnait comme agissant en qualité de procureur du sacristain Philippe Darbin. Je ne comprends pas la cause et la raison de cette seconde collation.

3°

De pedis clausi hospitalis Bellijoci ad cantorem pertinentis

Nos Petrus de Moncellis, legum professor, judex curie domini Bellijoci, notum facimus universis presentes literas inspecturis quod, cum viri venerabiles dominus Petrus de Thelitz decanus nunc, et quondam cantor ecclesie Beate Marie castri Bellijoci, et postmodum dominus Guichardus

8

Dallant, cantor nunc dicte ecclesie, pro et nomine dicte ecclesie, asserviciaverint imperpetuum et concesserint personis
infrascriptis pedas[1] seu plateas clausi de versus hospitale
Bellijoci infrascriptas, ad directum dominium cantorie dicte
ecclesie pertinentes, primo Martino de Orto et suis quamdam pedam sitam [juxta] aliam pedam seu ortum dicti
Martini a parte inferiori, et desubtus vineam dicti clausi,
et juxta ortum Johannete la Grollere ex una parte, et curiam
et domum Hugonini carpentarii ex altera; item quamdam
aliam plateam dicte vince seu pedam, prout se extendit
superius ab orto dicti Hugonini carpentarii, usque ad
chiminum per quem itur de porta Bellijoci usque in comba
Marzelle juxta eumdem chiminum tendendo superius a
parte occidentali ex una parte, et vineam dicti clausi a
parte orientali ex altera, pro quinque solidis vien. de servicio; item Johannete la Grollere quamdam pedam dicti
clausi sitam detro domum Johanneti Bubulci de Aula,
que fuit Johanini Mortin, a parte inferiori, et desubtus
vineam dicti clausi, et juxta aliam pedam dicte Johannete
quam reduxit in ortum, et juxta pedam magistri Johannis
generi Guillelmi Mortin, pro duobus solidis et sex denariis
vien. de servicio; item magister Johannes gener Guillelmi
Mortin quamdam pedam dicti clausi, sitam desuper charreriam publicam et desubtus vineam dicti clausi, juxta
pedam Stephani Buencon ex una parte, et domum que
fuit Johanini Mortin ex altera, pro tribus solidis vien. de
servicio; [item] Stephanino Buencon fornerio duas pedas
dicti clausi contiguas, sitas juxta pedam dicti magistri
Johannis ex una parte, et pedam Johannis Celerat ex

---

[1] *Pedas*, en français *pies ;* on appelait ainsi, en termes généraux,
des parcelles d'un terrain quelconque, soit bâties, soit à bâtir ou
non.

altera, et desuper charriam publicam et desubtus vineam dicti clausi, pro sex solidis vien. de servicio; item dicto Johanni Celerat quamdam pedam dicti clausi, sitam juxta pedas dicti Stephanini Buencon ex una parte, et domum Guichardi Fabri ex altera, et desuper dictam charreriam publicam et desubtus vineam dicti clausi, pro tribus solidis vien. de servicio, prout hec omnia et singula supradicta predicte persone tenementarie constitute propter hoc coram Johanne de Roseriis clerico, mandato nostro curie predicte jurato, ad hoc a nobis specialiter deputato, cui super hoc commisimus vices nostras, scientes, prudentes et spontanee confitentur et asserunt ita esse; predicte persone tenementarie, per juramenta sua super sancta Dei euvangelia et sub obligacione omnium bonorum suorum, mobilium et immobilium, presentium et futurorum, quilibet ipsorum pro se et suis successoribus in rebus ipsis, pro rata sua dictorum serviciorum, predicta servicia promittunt reddere et solvere singulis annis dicto cantori qui nunc est et qui pro tempore fuerit, pro pedis supradictis suis superius confinatis; et quod ipsi tenementarii, vel eorum successores in ipsis rebus, de cetero in futurum non possint nec debeant predictas pedas superasserviciare, secundum privilegia burgensibus Bellijoci concessa, quum cantor Bellijoci qui nunc est et qui pro tempore fuerit devestituram recipiat et investiat, tanquam directus dominus ipsarum pedarum, et laudia habeat in futurum. Quibus privilegiis predicti tenementarii omnes et singuli coram dicto jurato quoad hoc renunciant specialiter et expresse. Item promittunt dicti tenementarii omnes et singuli, pro se et suis successoribus in pedis predictis, quas obligant ad hoc sub vinculis prestitorum [juramentorum] et sub obligacionibus predictis, predictas pedas, videlicet quilibet suam, claudere et clausas perpetuo tenere, adeo ne aliquod dampnum ob deffectum claudendi dictas pedas in vineis dicti clausi inferatur; ymo dampna, que ob deffectum dictorum tenementariorum in dictis vineis evenient, eidem cantori qui nunc est et qui tempore fuerit, reddere suo juramento simplici et integre resarcire. In quorum omnium premissorum testimonium, ad preces et requisicionem dictorum tenementariorum predictorum, factas dicto jurato et nobis ab eodem relatas, cui super hoc fidem omnimodam adhibemus, presentibus literis sigillum dicte curie duximus apponendum, Datum die dominica in quindena Penthecostes anno Domini millesimo tercentesimo tricesimo primo. — JOHANNES R.

(Fonds du chapitre de Beaujeu, ancienne cotte 990.)

<hr>

4°

Institution de l'hôpital de Beaujeu faite par Pierre Curtin, sacristain, et par les bourgeois de Beaujeu.

Nos officialis Matiscon. et nos Annemondus Pagani, judex etc. notum facimus universis, etc. quod, coram mandatis nostris Guillelmo Barjoti et Johanne de Praya, clericis notariis, etc. personaliter constituti viri, discretus dominus Petrus Yvernadi presbiter, vicarius ecclesie perrochialis Bellijoci, nomine viri venerabilis magistri Petri Curtini sacriste et curati ecclesiarum collegiate Beate Marie castri et perrochialium ville Bellijoci et Sancti Martini des Extoux, et viri honesti Stephanus Mullin, Johannes Magnini, Johannes Theobaldi, Nicolaus de Praya, Claudius Pignon, Michael Mortin, Johannes Gonon, Johannes Merlin, Martinus Carrige, Guichardus Lemort, Martinus Yvernadi, Bartholomeus Livet, Johannes Prepositi, Jul-

lianus Philippe, Ludovicus Darci, Hugoninus Sanguardi,
Anthonius Briandi, Petrus Gillin, Claudius Chasault,
Robinus de Vibiz, Hugoninus Cancelin, Stephanus Tachon,
Petroninus Fachon, Johannes de Susheme, Anthonius
de Brueria, Anthoninus Granier, Nicolaus Barjoti, Claudius a la Floron, Guillelmus Poysout *alias* Testefort, Nicolaus Yvernardi, Johannes Mortin, Johannes de Aquasparsa,
Benedictus Carrelle, Benedictus de Dillorie, Johannes de
Marchampt, Guillelmus Jardin, Claudius Bernardi, Jullia-
nus Jardin, Ponthus Pignon, Michael Alabbez et Johannes
Chivallier, burgenses et habitatores dicte ville Bellijoci,
suis et nominibus [aliorum] burgensium et habitantium
dicte ville, pro quibus se fortes faciunt et sequentia per ipsos
ratifficari facere promictunt quociens requiretur, plene
informati de probitate, diligencia, sufficientia, vita honesta
et virtutibus discreti viri domini Bartholomei de Brueria,
presbiteri, pro nunc vicarii Oratorii, hospitale ville Bellijoci
ad presens vacans per mortem deffuncti viri discreti domini
Johannis Chivallier, quondam presbiteri Bellijoci, ultimi
rectoris et hospitalarii ville Bellijoci, [cujus] hospitalis provisio, collacio et totalis disposicio, [cum] illius occurrit
[vacatio], dicto domino [sacriste et cura]to, ad causam
dicte perrochialis ecclesie Bellijoci, et burgensibus dicte
ville Bellijoci insimul et conjunctim spectant et pertinent
pleno jure, eidem domino Bartholomeo de Brueria presenti
et id sponte et gratanter acceptanti et requirenti, cum suis
juribus, fructibus, valoribus et emolumentis quibuscum-
que, vita ejus de Brueria comite, contulerunt et confe-
runt, sibique de eodem hospitali providerunt et provi-
dent, investieruntque et instituerunt[1] prout investiunt et

---

[1] Dans la copie de la pièce originale on a écrit mal à propos :
investiuntque et investituerunt.

instituunt tenore et per concessionem presentium licterarum, recepto ab eodem de Brueria corporali juramento,
ad sancta Dei evangelia tacta prestito in manibus domini
Yvernadi vicarii, quod ipse de Brueria bene, probe et lega-
liter gubernabit et administrabit ac reget bona dicti hospitalis, deque eisdem bonis, pauperibus Domini nostri Jhesu
Christi in ipso affulentibus? justa vires (*ou* vices) ipsorum
bonorum et fructuum providebit, dividet et administrabit,
bonaque dicti hospitalis proteget, deffendet et servabit
suo posse, nullaque de eisdem alienabit, sed si que [forent]
deperdita suo posse recuperabit, et de eisdem bonum et
legitimum inventarium conficiet in ingressu suo, quem
faciet in dicto hospitali, vocatis dictis curato seu ejus
vicario ac procuratoribus dicti hospitalis et scindicis dicte
ville, pro conservacione dictorum bonorum, domaniaque
dicti [hospi]talis in bono esse manutenebit et reparaciones
necessarias pro suo posse faciet, ceteraque omnia adimple-
bit que verus rector et administrator hospitalis facere
tenetur et debet, et que sui predecessores sunt soliti et
debent facere, tam in divino cultu in capella dicti hospitalis, quam supportacione oneris Christi pauperum, et manu-
tencione p[redictorum] domaniorum et bonorum ac jurium
dicti h[ospitalis] quem de Brueria ipse vicarius, nomine
[dicti sacriste et cu]rati, et burgenses supranominati mittunt
et ponunt, ut in eis est, in possessionem realem et actualem vel quasi dicti hospitalis et jurium suorum predictorum. Actum et datum ante domum dicti domini Yvernadi
in villa Bellijoci, prope cymiterium, die lune Pasche
Domini vicesima mensis aprilis, anno Domini millesimo
quatercentesimo octuagesimo nono, presentibus Guiller-
mo des Pasquiers, Perroneto Pacle *alias* Aujoux, Guil-
lermo des Saignes perrochie des Estoux, et Johanne

de Doza perrochie des Ardillez, testibus, etc. Sic fuit, de PRAYA.

(Arch. du Rhône, fonds du chap. de Beaujeu sans cote.)

5°

Lettres patentes de Louis XII impétrées à l'occasion de l'hospitalerie de Beaujeu contre les habitans dudict lieu, et exécution du jugement du bailli de Mascon.

I

Lettres royaux par lesquels se voit le droict et grand intérest que le chappitre ha des droictz mal aliénés de la sacristie et cures de Beaujeu et les Estous et de tout ce qui en despend,

Loys par la grâce de Dieu Roy de France, au séneschal de Lyon, bailly de Mascon ou à son lieutenant, salut. Receu avons l'umble supplicacion de noz bien amez les doyen, chanoines et chappitre de Nostre-Dame de Beaujeu ou pays de Beaujoloys, contenant que, conbien que d'acienneté et à certains justes tiltres et moyens à déclarer en temps et lieu, toutes et quantes foiz que l'ospitalerie dudict Beaujeu a esté vacquant, la collation et toutelle disposicion en ait apartenu au curé de ladicte église, et soit ainsi que, puis deux cens cinq ans en çà ladicte cure ait esté canonicquement unie, gardées et observées les sollempnitez en tel cas requises, à ladicte église et secrestainerie d'icelle, et par cest moyen la toutelle disposition dudict Hostel-Dieu jadis appartenant audict curé, quant il est vacquant, appartienne et doye appartenir nuement esdicts doyen, secrestain, chanoines et chappitre de ladicte église; ce néantmoins

les eschevins, bourgeois, manans et habitans de ladicte ville
de Beaujeu, soubz umbre de certaine transaction faicte et
passée puis deux ans en çà ou environ entre eulx et nostre
bien amé maistre Philippes Rousset secrestain de ladicte
église seul, se parforcent journellement, quant vacquacion
eschet de ladicte hospitallerie, pourveoir en icelle ; et de fait,
vacquant ladicte hospitalerie par le trespas de feu Berthe-
lémy de la Bruyère prebtre, y ont pourveu d'un nommé
Guichard de Suzaime, lequel, soubz umbre de ladicte telle
quelle provision contraire à touz droiz, se parforce joir
de ladicte hospitalerie, qui est chouse bien estrange et contraire à raison, actendu mesmement que ladicte telle quelle
transaction n'a esté auctorisée, aprouvée, ne confermée par
les supérieurs de ladicte hospitalerie. A cause desquelles
diverses provisions et collations faictes d'un cousté et
d'aultre, procès s'est assiz pardevant vous en matière pos-
sessoire entre ledict Guichard de Suzaime pourveu et
lesdicts eschevins de ladicte ville deffendeur d'une part, et
ung nommé Jehan Thibaudin pourveu par ledict secrestain
demandeur et conplaignant d'aultre part. Au moyen duquel
procès lesdicts doyen, chanoines et chappitre pourroient
estre frustrez à faulces enseignes de leur dict droit de
pourveoir à ladicte hospitalerie, laquelle chose redonderoit
au grànt grief, préjudice et dommaige d'iceulx supplians,
et plus pourroit estre, si par nous ne leur estoit pourveu
de remède convenable de justice, humblement requérant
icelluy. Pourquoy nous, ces choses considérées, vous
mandons et, pour ce que estes juge ordinaire des parties
et que le procès est pendant par devant vous, commec-
tons par ces présentes que, appellez ceulx qui pour ce seront
à appeller, [s']il vous appert la collacion dudict hospital,
aux moyens que dessus ou autrement, deuement conpéter et

appartenir ausdicts supplians, et que néantmoins lesdicts eschevins, manans et habitans dudict Beaujeu, soubz couleur et umbre de ladicte transaction passée entre ledict Rousset secrestain de ladicte église seul, sans le consentement et vouloir desdicts doyen, chanoines et chappitre de ladicte église ne autre auctorisacion des supérieurs dicelluy, l'ait conférée audict Guichard de Suzaime, et que ledict Guichard, au moyen de ce et non par autre tiltre, se soit mis dans ledict hospital, et d'icelluy s'esforce joir et en icelluy se soit intruz, ou des aultres chouses dessusdictes tant que sousfire doye; vous oudict cas, sans avoir aucun regard à lad. transaction telle que dit est, adjugez la récréance à la partie que verrez avoir plus cler, évident et apparent droit, car ainsi nous plaist il estre faict, nonobstant ladicte telle quelle transaction faicte entre lesdicts Me Philippes Rousset seul, comme secrestain de ladicte église, avec lesdicts bourgeoys, sans aucune auctorisacion de supérieurs. Laquelle ou cas dessusdict ne voulons nuyre ne préjudicier ausdicts supplians en aucune manière; ains, en tant que besoing seroit, les en avons relevez et relevons de grâce spéciale par ces présentes, et lectres subreptices à ce contraires.

Donné à Lyon le XXe jour de juing, l'an de grâce mil cinq cens et huit, et de nostre règne le unziesme.

Par le Roy à la relacion du Conseil. — JOURDAIN.

A ces lettres est attachée la commission suivante :

. Gilbertus du Gué miles, dominus de Terves (ou Ternes), consiliarius et cambellarius domini nostri regis, ejusque baillivus Matiscon., senescallus Lugdun., commissarius etiam regius in hac parte depputatus, primo regio servienti super hoc requirendo salutem. Visis licteris pactentis domini nostri

regis, suo sigillo ceraque crocea cum simplici cauda impen-
dente more solito sigillatis, nobis pro parte venerabilium
virorum dominorum decani et capituli ecclesie Beate Marie
Bellijoci earumdem impetrancium exhibitis et presentatis,
presentibus annexis, quarum tenore actento, et ad dictorum dominorum impetrancium supplicationem et requestam, vobis et vestrum cuilibet in solidum tenore presencium
commictendo, mandamus quathinus adjornetis perhempto-
rie apud Lugdunum in curia regia predicte baillivie, coram
nobis seu nostro locumtenente, ad certam et competentem
diem veneris eidem curie regie debite certifficandam,
omnes et singulos dictorum supplicantium parte nominan-
dos et cognominandos, de quorum nominibus dictam
curiam certifficare non obmictatis, predictas licteras regias
juxta ipsarum formam et tenorem inthimari et integrari
visuros, ulteriusque facturos via juris cum inthimacione
opportuna. Datum Lugduni sub sigillo curie regie predicte baillivie, die XXVII^a mensis junii, anno Domini
millesimo quingentesimo octavo. — POLIET. GAUTIER.

II

**Exécution de récréance et jugement obtenu par celuy auquel le
sieur secrétain avoit conféré l'hospitalerie de Beaujeu, contre
celuy que les habitantz dudict lieu y avoient instalé.**

Noverint universi quod, anno Domini currente millesimo
quingentesimo octavo, et die mercurii quinta mensis jullii,
Johannes Metrat parrochie d'Oroux, serviens regius in Matiscon. baillivia et Lugdun. senescalia, ad constitutis exe-
quendum debiteque exequcioni mictendum appunctamentum latum in curia regia dictarum baillivie, senescallie
Lugduni, in causa causalitatis ibidem pendente indecisa

inter magistrum Johannem Thibaudin conquerentem et
dominum Guicherdum Sushesme presbiterum de Bellijoco,
opponentem, ad causam rectorie hospitalis ville Bellijoci,
super ipsius recredencia dicto conquerenti adjudicata,
auctoritateque licterarum exequtorialium curie dicte senes-
calie duplo predicti appunctamenti et huic expleto acta-
chiatarum, ad instanciamque et requestam dicti magistri
Johannis Thibaudin conquerentis et impetrantis dictarum
licterarum exequtorialium, in illis nominati, serviens ipse
regius die et anno suprascriptis, hora None vel circa,
in mei notarii subsignati et testium subscriptorum pre-
sencia se personaliter transtulit ad et ante fores dicte
rectorie hospitalis sive domus Dei predicte ville Bellijoci,
ubi serviens ipse, januis dicte hospitallerie clausis,
comperit prefatum dominum Guicherdum Sushesme opponentem et dominum Matheum Carrige presbiterum, com-
missum ad regimen dicte rectorie cum domino Petro
Masnerii associatoos pluribus ex burgensibus et incolis
dicte ville Bellijoci. Quibus quidem dominis Guicherdo
Sushesme opponenti et Matheo Carrige cum commissario
precepit et injunxit, regia ex parte, quatinus januas dicte
rectorie hospitalis predicti apperirent et dictum Thibaudin
conquerentem eadem rectoria dicti hospitalis, pendente
lite predicta et donec aliud ordinetur, cum juribus, emolumentis, revenutis et honoribus ejusdem, uti et gaudere
permicterent, eidemque Carrige computum redderet et
reliqua restitueret de per eum dictumque Masnyer in dicta
rectoria, pendente sequestro, perceptis, rectis et levatis ;
inhibuitque et deffendit serviens ipse eisdem Sushesme et
Carrige, ad eorum personas loquendo, et omnibus aliis
secum existentibus, ne a cetero, pendente presente recredencia, conquerentem ipsum in supradicta rectoria dicti

hospitalis Bellijoci, juribusque et revenutis ipsius aliqua-
liter impediant, minimeque se in eadem modo quovis
intromictant, et hoc ad penam quingentarum librarum
turon., omnemque aliam majorem quam erga dominum
nostrum regem incurrere possent contrarium faciendo.
Quorum prefatus dominus Guicherdus Sushesme opponens, voce et organo honorabilis et providi magistri Claudii
Charretonis, notarii et burgensis dicti Bellijoci, ejus procuratoris et advocati ac pro eodem Sushesme comparen-
tis, dixit quod ipse Sushesme opponens fuit et est appel-
lans ab appunctamento dicti domini senescalli et domini
ejus locumtenentis, inque prosecucione sue relevande appellacionis protestatus fuit propter ea et protestatur contra
dictum Thibaudin, dictumque exequtorem de actemptatis
et actemptandis in prejudicium dicte sue appellacionis, et
de eos accipiendo in partem formalem. Et que quidem
lictere exequtoriales, dictumque appunctamentum exequi
non debuerunt neque debent, saltim donec promissione
per ipsum Thibaudin debite facta, cautioneque sufficiente
prestita de restituendo fructus et emolumenta dicti hospitalis, si et quociens foret ordinatum. Quod factum non
fuit, saltim eodem Sushesme debite vocato, qui ad hoc
vocari debuit et debet, ut tenore dicti appunctamenti
constitit et constat; copiam dicti extractus appunctamenti
predicti, licterarum exequtorialium et presentis expleti
sibi ipsi Sushesme fieri et competenti salario tradi petendo.
Eciam idem Charretonis tanquam substitutus, ut asserc-
bat, ab honorabili viro magistro Guillelmo Poncetonis,
procuratore generali terre et baronie Bellijoci, pro jure
et interesse domine ducisse Bourbonii et Auvergnie,
domine patrie Bellijoci, dixit et allegavit quod dicta domina
ducissa et predictus ejus procurator generalis a conces-

sione et exequcione licterarum causalitatis, parte dicti
Thibaudin contra dictum Sushesme, pretextu dicti hospitalis seu rectorie ipsius, obtentarum et e., qutarum fuerunt et sunt appellantes ad dominum nostrum regem et
ejus venerabilem parlamenti curiam, in qua eadem domina ducissa seu dictus ejus procurator generalis relevavit,
dictumque Thibaudin debite ad certam diem futuram
Parisius cum eisdem seu ipsorum altero in causa appelli
hujusmodi processurum adjornari, dictoque domino
senescallo seu ejus locumtenenti intimari et debite inhi-
beri fecit et procuravit, ut constat actis super hoc factis.
Protestatus fuit propterea ipse Charretonis, nomine pre-
dicto, contra dictum Thibaudin ipsumque servientem, de
actemptatis et actemptandis in prejudicium dicte appellacionis, et de eos in partes accipiendo formales. Quibus,
parte dicti Thibaudin, fuit responsum quod nichil unquam
fuit sibi inhibitum, nec unquam fuit adjornatus; quodque
de per dictum Sushesme allegatis, presertim promissione
et cautione prestita, constitit et constat de contrariis actis
super hoc factis; petendo propterea ad exequcionem
procedi. Dictus autem dominus Matheus Carrige, com-
missus ad regimen ipsius rectorie, dixit se pro presenti
non posse parere preceptis predictis, eo maxime quum
claves dicti hospitalis fuerunt et sunt in potestate et
manibus prefati domini Petri Masnerii secum commissi,
qui fuit et est absens ab illa, habens eciam penes se com-
puta regiminis predicte rectorie. Quibus dictis et allegatis,
prefatus serviens regius iterato et secundo, ex parte,
vigore et instancia quibus supra, duplicibus penis prefatis
Sushesme et Carrige injunxit prout supra. Qui premissis
de causis eisdem injunctionibus se opposuerunt et parere
noluerunt, sed recusaverunt. Quamobrem eciam metu

scandalli serviens ipse cessavit de ad ulteriora procedendo,
donec aliud per dictum dominum baillivum senescallum
seu ejus curiam regiam predictam ordinetur. De quibus
premissis prefatus serviens michi dicto notario subsignato
ordinavit fieri actam et publicum instrumentum valli-
turum quod de jure ; quam seu quod eidem expedivi sub
hac suprascriptorum verborum forma, anno, die et loco
predictis ; presentibus Stephano de Plateis, *alias* Bachel-
lon, Johanne de Loux, parrochie des Estoux et Johanne de
Cruce, parrochie des Ardillias, testibus ad hec astantibus
et vocatis per dictum servientem.

Sic ut supra describitur actum fuit per dictum servientem regium coram dictis testibus, me notario presente.
— CHAPPUIS. (Fonds du chap. de Beaujeu, cote 380.)

6°

Liste des anciens recteurs de l'Hôtel-Dieu [1]

1535 — André de Praye, qui fit édifier la chapelle de
Notre-Dame de l'hôpital.

1593 — Honorable Mᵉ Philibert Carrige, garde du scel
du pays de Beaujolais et honorable Jean Faure.

1596-1599 — Hon. Antoine Garil, marchand, succéda le
29 mai à Mᵉ Philibert Carrige son cousin ; et Mᵉ Alexandre
Moyroud.

1602 — Hon. Mᵉ Antoine Thibault.

---

[1] L'année inscrite n'est pas toujours celle de la nomination des
recteurs le plus souvent elle indique seulement que les recteurs
nommés étaient alors en fonctions, où ils restaient ordinairement
trois années, à moins d'une nouvelle nomination.

1606 et 1608 — Hon. Pierre Gojon, marchand, et sieur Jean Faure.

1613 et 1614 — Hon. homme Loys d'Aigueperse, marchand bourgeois, et Me François Carrige.

1618 — Loys d'Aigueperse et Pierre Jacquet.

1621-1622 — Hon. Claude Dubost et Pierre Jacquet.

1624 à 1627 — Claude Dubost et Robert Denys, bourgeois et marchands.

1628 et 1634 — Louis Faure, sieur des Cloux, conseiller du roi, président au grenier à sel de Belleville, et hon. Claude Moyroud, marchand cordonnier.

1638-1640 — Hon. Claude de la Place et Crespin Brac.

1641-1649 — Hon. Claude Dubost le jeune et sieur Vincent Gonon, marchands de Beaujeu.

1650-1651 — Sieur François d'Aigueperse, lieutenant en la juridiction de Beaujeu, et Me François Carrige, notaire royal et procureur.

1651-1658 — Sieur Jean Pressavin, fils de feu hon. Noël Pressavin, et sieur Henri Testenoire, cordonnier, recteurs du 19 novembre 1651 au 22 avril 1658.

1658-1661 — Vénérable messire Antoine Garil, doyen de Beaujeu, recteur du 22 avril 1658 au 29 mai 1661, et sieur Gabriel Jacquet, marchand.

1661-1664 — Vénérable Mre Antoine Pressavin, prêtre, curé, chanoine et sacristain de Beaujeu, fut nommé recteur avec sieur François Patissier le 29 mai 1661. Ce dernier étant mort peu après, on choisit à sa place sieur Mathurin Brac, marchand. Ils restèrent recteurs jusqu'au 30 mai 1664.

1664-1667 — Mathurin Brac continue sa charge avec Hugues Letellier, maître apothicaire, qui fut nommé le 30 mai 1664. Ils finirent à la Toussaint 1667.

1667-1670 — Mᵉ Nicolas Carrige, procureur de Beaujeu, et sieur Hugues Letellier, du 20 décembre 1667 à la Toussaint 1670.

1671-1673 — Sieurs Claude Parier et Jean Dubost, marchands.

1683 — Messire Antoine Denis, prêtre sociétaire de Saint-Nicolas de Beaujeu, et sieur Claude Denis, marchand.

1688-1689 — Sieur Claude Denis, bourgeois, et Mᵉ Philibert de la Place, notaire royal et procureur.

1694-1698 — Blaise Claret, chantre de Notre-Dame de Beaujeu, président des recteurs.

1698-1699 — Messire Antoine Bessie, prêtre, doyen de Beaujeu, messire Jean-Marie Dépheline de la Chartonnière, curé de Saint-Nicolas de Beaujeu, et Hugues de Lafont, seigneur de Pougelon, bourgeois, tous trois recteurs de l'Hôtel-Dieu.

1700 — Mᵉ Nicolas Pressavin, notaire royal et procureur à Beaujeu, et Mᵉ Antoine Brac, docteur-médecin.

1701 — Mʳᵉ François Varenard, chanoine, sacristain de Beaujeu et président des recteurs.

7°

Acte capitulaire contenant nomination d'un recteur et président à l'Hostel-Dieu de Beaujeu

Du mercredy 2ᵉ avril 1698 en la sacristie de l'esglize collégialle N. D. du chasteau de Beaujeu où estoient extraordinairement assemblés au son de la cloche à la manière accoustumée, vénérables et discrettes personnes, Messires Anthoine Bessye doyen, Blaize Claret chantre, François

Varenard sacristain, Anthoine Varenard, Jean de Lafont théologal, Pierre de Lafont, et Crespin Brac, tous chanoynes en ladicte esglize, traictans des affaires d'icelle avec leur secrétaire soubsigné.

Monsieur le chantre remonstre à messieurs que, le seixiesme d'avril de l'année mil six cens nonante quatre, ilz luy firent l'honneur de le nommer pour recteur et président à l'Hostel-Dieu de Beaujeu, et que son temps de servir ledict Hostel-Dieu estant fini, il prie mesdicts sieurs de consentir qu'il se retire, et de nommer en sa place tel aultre de messieurs du chappitre qu'il leur plaira pour faire les fonctions de recteur et président audict Hostel-Dieu, et à mesme temps, mondict sieur chantre a remis sur la table du chappitre une des clefz des archives dudict Hostel-Dieu, laquelle doibt estre à la garde dudict recteur président.

Messieurs remercient M^r le chantre de la peyne et des soins qu'il s'est vollu donner dans l'exercice de la charge de recteur et président dudict Hostel-Dieu, et desliberans sur la nomination d'un aultre recteur et président audict Hostel-Dieu, ont présentement nommé, comme par ces présentes ilz nomment, messire Anthoine Bessye doyen dudict chappitre à la charge de recteur et président dudict Hostel-Dieu de Beaujeu, comme estant persuadé et convaincu de son zelle et capacité de remplir dignement ladicte charge, à l'utilité et soulagement des pauvres, le tout conformément à l'establissement faict cy devant d'un bureau pour le gouvernement et administration du bien des pauvres; luy donnant pour cest effect tout pouvoir en tel cas requis. Ce que mondict sieur le doyen a accepté avec honneur et promis d'y vacquer le mieux qu'il pourra, et a ledict sieur doyen retiré en son pouvoir la clef des archives dudict Hostel-Dieu, remise par ledict sieur chantre.

Signé : Bessye, Claret, Varenard, Varenard, de la Font, de Lafont, Brac et Tardy, secrétaire susdict.

Pour ledict sieur doyen expédié : Tardy secrétaire susdict.

Nota. — M^r le sacristain Mre François Varenard a été nommé à ladicte charge de président recteur dudict Hostel-Dieu de Beaujeu le 6e may 1701.

8°

Comptes des revenus et des dépenses à l'Hôtel-Dieu de Beaujeu

I

État au juste des revenus annuels de l'hôpital de Beaujeu, janvier 1707 [1]

Doivent de pension ou par an, premièrement :

Antoine et Laurent Saulaville.	8 l. 12 s.	
Damoiselle Charlotte Duperron	14 l. 12 s.	7 d.
Sieur Antoine d'Aigueperse [2] l'advocat.	52 l. 19 s.	6 d.
Hugues La Gardette.	6 l. 5 s.	
Dame [3] Antoinette d'Aigueperse	17 l. 19 s.	5 d.
Les chapellains de N. D. du petit autel.	10 s.	
Les héritiers de s^r Philippes Parier. . .	16 l. 13 s.	6 d.
Les héritiers de Benoist Teillard. . . .	10 s.	

---

[1] Il y a quatre exemplaires de cette pièce, les trois derniers datés de 1707 et de la main de Montauzan ; je les ai fondus ensemble en suivant surtout le n° 2, le plus complet. Le n° 4 ne comprend que les nouvelles pensions. Le n° 1, d'une autre main, non daté, est intitulé : *État des revenus courans de l'Hostel-Dieu de Beaujeu.* C'est lui dont je suivrai l'ordre pour les anciennes pensions.

[2] A la place de ce nom effacé, on lit à la marge du n° 2 : « Le principal de ladite pension a été employé à l'acquisition des trois domaines dudit s^r d'Aigueperse, situés à Ouroux, en 1707. »

[3] Les n°^{s} 2 et 3 mettent *damoiselle.*

Sieur Daniel Sanson. . . . . 18 l. 17 s. 9 d.

Mᵉ Antoine Letellier. . . . . 20 l.

Estienne Rochard [1] . . . . 11 l. 2 s. 2 d.

Claude fils de Michel Teillard . . . . . . 8 l. 17 s. 9 d.

Antoine Gillay (*ou* Gelay) . . . . 22 l. 13 s.

Claude fils d'Antoine Metra (de Quincié). 22 l. 4 s. 6 d.

Sʳ Claude Denis (Pierre Denis, sur l'ancien

état, nᵒ 1) . . . . 35 l.

Les héritiers de François Le Tellier . 41 l.   9 d.

Monsieur Garil juge de Beaujeu. . . . . 15 l.

Sieur (Mᵉ) François Charrier [2]. . . . . 5 l.

Sieur Claude François Patissier . . . . 5 l.

Les héritiers de (feu Mᵉ) Antoine Patis-

sier. . . . . 1 l. 10 s.

Montant des anciennes pensions. . 331 l. 7 s. 11 d.

Il est de plus deu tous les ans (par les
héritiers Goisset) huit mesures de froment (lesquelles à 20 solz la mesure, qui
est le plus bas prix, montent à) . . . . 8 l.

Plus les chapelains Bruchet doivent
rendre tous les ans audit hôpital une
maye de fagots, estimée . . . . 14 l.[3]

En tout. . . . . . 353 l. 7 s. 11 d.

---

[1] Ce nom est sur les deux listes, nᵒˢ 2 et 3. A sa place l'état plus ancien nᵒ 1 porte : Barthellemy Sombardier.

[2] Après ce nom on lit dans l'ancien état : « Plus, Monsieur doit la rente de 3 l. 2 s. pour le restant du principal de 200 l. du légat fait audit hospital par Mᵉ Antoine Denis »; et à la ligne suivante : « Damoiselle Claudine Patissier », au lieu de : « Claude François ».

[3] Estimée 12 l. dans le nᵒ 3; et dans le nᵒ 4 il est dit que cette maye doit être « rendue audit hôpital; elle devroit valoir 18 l., l'on ne la met qu'à 12 l. »

L'on ne tire pas icy le terrier parce qu'il peut être employé à payer les servis que l'hôpital devra sur ses fonds. Il peut valoir tous les ans la somme de 20 l. environ[2].

Nouvelles pensions depuis la Saint-Martin 1705

Les héritiers de feu Mre Jean Olivier, chanoine de Notre Dame de Beaujeu, par sa donation du mois de novembre 1705. 300 l.

Les mariés Mathieu Métra (pour la donation de feu Mr le curé de Quincié) par son testament du mois de mars 1706, dont la rente est de . . . . 50 l.

Pierre Alainé, Antoine Aujoux (Vincent Méra, Antoine Perron et Claude de Rampon, des Etoux, à cause du transport faict par Benoist Laforêt), la pension de.   3 l. 5 s.

Mr Barjot, éleu à Macon (par contract de rente du mois de février 1707) . . .   19 l. 14 s.

Les fonds dépendants de l'hôpital qui ont étés amodiés ou affermés au mois de mars 1707 pour six ans. . . . . 370 l.

                                    742 l. 19 s.
Plus les anciennes pensions cy devant. 353 l. 7 s. 11 d.

        Total. . . . . 1096 l. 6 s. 11 d.

Tout ce revenu est fixe et ne peut diminuer de six années, 1707 compris.

Il y a de plus (outre tout le revenu cy dessus) une vigne et deux verchères, réservées audit hôpital, et qui n'ont

---

[1] Dans les nos 1 et 4 on lit : « Les arrérages en sont deus de sept années ; l'on en offre pour lesdites sept années, 1706 compris, 140 l. »

été amodiées, et desquelles ledict hôpital tire les fruits. Il y a eu, la présente année 1707, neuf asnées de vin dans ladite vigne ; c'est, au prix de 5 l. par asnée, 45 l. ; et aux ver-chères, froment 18 l., et chanvre ...... [1].

Il y a de plus le fermier de Bionand pour la donation de messieurs de Lestra et Sanlaville du mois de novembre 1706 ; lequel doit tous les ans 80 l. sans aucune charge, et ce, pendant cinq ans suivants (pour huit ans à com-mencer la présente année 1707 comprise, dit le n° 4). Je ne tire pas icy en compte parce qu'il sera consommé à l'entretien dudit sieur de Lestra.

Plus ledit s[r] de Lestra, en entrant à l'hôpital au mois d'octobre 1707, a donné en argent comptant la somme de 600 l., laquelle doit produire tous les ans 30 l. de rente [2].

Plus ledit sieur de Lestra doit dire ses messes au proffit dudit hôpital ; desquelles il y en a deux par semaine de fondées. L'on retirera la rétribution des autres ; ce sera tous les ans plus de 70 livres [3].

Il y a, outre cela, le tronc et les questes des festes solemnelles. Ainsy l'on peut compter que ledit hôpital a de revenu fixe 1.300 l. chaque année, (toutes charges déduites, pendant six ans à commencer par l'année 1707 comprise, ajoute le n° 1) ; sans y comprendre la boucherie du caresme qui a été amodiée la présente année 1707 la

---

[1] Pas de chiffre inscrit. Dans le n° 1, ces fonds réservés sont ainsi indiqués : « Les biens qui ne sont pas admodiés sont de valleur, compris les verchères, d'environ cent livres. L'on en offre 100 l. »

[2] Au n° 4 on lit : « L'on doit recevoir dans le mois de may de Mr de Lestra 50 louis d'or. »

[3] Le n° 3 exprime la même chose d'une autre façon : « ... au pro-fit dudit hôpital, qui rendra encore plus de 70 l. par an, sans y comprendre les deux messes de fondation par semaine dont l'hôpital est chargé, lesquelles il acquittera. »

somme de 77 l. 10 s. ; peut-être que les autres années il ne montera pas si haut, et peut-être plus : ainsy je ne le tire pas ici, n'étant pas fixe.

II

État de la dépense qu'il convient faire tous les ans dans l'hôpital de Beaujeu

Savoir : 1º pour l'entretien actuel de huit pauvres malades, et quelquefois dix, suivant la nécessité ; 2º pour la nourriture de Mr de Lestra, ecclésiastique, donataire et directeur dudit hôpital ; 3º pour la nourriture de la maîtresse et des trois sœurs qui servent les pauvres malades, il faut tous les ans :

Froment 10 asnées, à 20 l. l'asnée, monte par an.   200 l.

Vin : 24 asnées, à 5 l. l'asnée. . . . .   120 l.

Viande : 18 quintaux à 12 l. 10 s. le quintal (le nº 3 dit seulement 16 quintaux). . . . .   225 l.

Sel, un minot (le nº 3 indique seulement 3/4 de minot faisant 30 l.) . . . .   40 l.

Huille, deux quartes à 20 l. (le nº 3 les met à 10 l.).   20 l.

Gros bois à 20 l. (le nº 3 dit à 16 l.) . . . . .   20 l.

Charbon à 15 l. (le nº 3 ne marque que 12 l.) .   15 l.

Chandelles à 15 l.. . . . .   15 l.

Menues dépences à 12 l. par mois . . . . . .   144 l.

Les drogues pour l'apothiquairerie et les gages du chirurgien . . . .   100 l.

Total. . . . .   889 l.

L'on espère que la susdite dépense sera plus souvent plus foible que plus forte ; mais supposé qu'elle aille à 900 l. (somme qu'elle n'excédera jamais), il est certain qu'il restera tous les ans, à en juger par les susdits états

des revenus et de la dépence, prez de 400 l. d'épargne
audit hôpital, et dans peu d'années l'on pourra entretenir les douze lits de la salle ; tout le revenu bien économé
étant plus que suffisant pour cela.

III

Autre compte de dépense

État de la dépence pour l'entretien de l'hospital de
l'année 1707, tirée du compte qu'a rendu le sieur Claude
Saulnier, recteur et receveur de l'hôpital de Beaujeu, lad.
année 1707 — 1er article de dépence, qu'il a donné à la
sœur Fratrais, supérieure dudit hospital à raison de 10 l.
par mois pour la dépence journalière, entretien des lescives,
façon et blanchissage des toiles, et toute la menue despence
de la cuisine, à la réserve du bled, du vin, de l'huile, du
sel, du bois et du charbon. . . . . 120 l.

  2° Pour 128 mesures de froment qui
font huit asnées du pays . . . . 159 l. 7 s.

  3° Pour huit mesures de blondée . . .   8 l.

  4° Pour six bottes de vin . . . . . . 126 l.

  5° Au boucher, depuis le 1er novembre
1706 jusqu'au 1er janvier 1708, qui font
quatorze mois. . . . . 147 l. 7 s.

  6° Pour soixante livres de chandelles .   14 l. 6 s. 6 d.

  7° Pour deux quartes, cinq quarterons
d'huyle. . . . .   12 l.

  8° Pour dix livres d'huyle d'olive, demy
poignée de morue, et une lèche-frite de
fer. . . . .   7 l. 8 s.

           A reporter. . . . 594 l. 8 s. 6 d.

Report. . . 594 l. 8 s. 6 d.

9° Pour du sel . . . . 24 l. 18 s. 6 d.

10° Pour le bois et le charbon . . . . 28 l. 14 s. 6 d.

11° Pour une pièce de vin . . . . . . 15 l.

Nota. — Il faut remarquer qu'au mois d'aoust il tourna, des susdites six bottes de vin, deux bottes, que l'on fut contraint d'en acheter une pièce pour finir l'année, laquelle coûta 15 l. et en même temps l'on vendit sept asnées du vin tourné 21 l.

12° Donné à la maîtresse du provenu du tronc . . . . 4 l. 13 s.

13° Pour unze chopines de vin fournies à Mr de Lestra, chapelain de l'hôpital par la dame Teillard, pendant qu'il n'y avoit que du vin tourné à la maison . . . . . 15 s.

14° Plus, pour du pain fourny audit sieur chapelain par ladite dame Teillard . 1 l. 10 s.

Somme totale . . . . 669 l. 19 s. 6 d.

Nota. — Les susdits deux derniers articles sont de dépence extraordinaire que l'on a été obligé de faire, à cause du vin tourné et du bled gasté.

L'on peut s'asseurer que tous les ans la dépence n'ira à 800 l. pour l'entretien des quatre sœurs, de M^r l'Aumônier et de sept à huit pauvres malades . . . . . 800 l.

Le chirurgien . . . . 40 l.

L'apotiquairerie . . . . 60 l.

Somme totale . . . . 900 l.

Il y a 1.400 l. de bonnes rentes bien seures.

IV

Coppie d'une déclaration des revenus de l'hôpital de Beaujeu, envoyée à Paris à M^r le Procureur général le 20e may 1720.
(Le 2e juin 1720, on a encore envoyé à Mgr l'évêque de Mâcon et à M^r l'intendant une pareille déclaration.)

L'hôpital de Beaujeu consiste en une sale (*sic*) dans laquelle il y a douze licts pour des pauvres malades (au dessous sont les caves, et au dessus les greniers), et en une cuisine sous laquelle est le bûcher, et au dessus le dortoir des sœurs qui servent les pauvres.

Plus une petite maison de l'autre côté de la rue pour loger l'aumônier.

On ne trouve aucunes lettres patentes dudit hôpital, et on ne sçait si elles se sont perdues depuis un très long temps qu'il est étably; car il paroît par des anciens tiltres qu'il y a près de quatre siècles qu'il y a des revenus qui y sont affectés, lesquels se distribuoient aux pauvres; et depuis environ quinze années seulement on a estably les susdicts licts pour les malades, et reçu des sœurs pour les servir, lesquelles sont de l'institut de celles de Châlon, et doivent travailler pour les pauvres et s'entretenir à leurs propres frais, l'hôpital estant seulement obligé de les nourrir.

Il y a audict hôpital environ douze cens livres de rente, sçavoir des domaines dans les montagnes de Beaujolois à deux lieues dudict hôpital, qui sont affermés par année cinq cens cinquante livres, et des vignes aux environs dudict Beaujeu, qui peuvent valoir à communes années trois cens cinquante livres.

Plus pour six milles livres de principaux en rentes constituées, qui, à cinq pour cent, rendent chaque année trois cens livres, et on n'est chargé encor d'aucun remboursement, mais on menace d'en faire.

Sur lesdits héritages il faut déduire les cens et servis qui sont deus tant à monseigneur le duc d'Orléans qu'à divers seigneurs particuliers, et les réparations pour les bâtimens. On ne peut apprécier à quoy cela peut monter par année, parce que les servis sont payables presque tous en danrées, mais ils sont assez considérables.

Plus, l'hôpital devra payer, après la mort de deux particuliers, la somme de seize cens livres à leurs parens.

Dieu donnant sa bénédiction à ce petit revenu, et inspirant les peuples de faire des ausmosnes, on entretient actuellement douze pauvres malades, on nourrit cinq sœurs hospitalières pour les servir, et on entretient et nourrit pareillement un aumônier pour acquitter les fondations, et lorsqu'il ne peut pas suffire à dire les messes, on paye un autre prestre pour les célébrer.

Nous, soussignés, Thomas Galland, chanoine théologal du chapitre de Beaujeu, président et receveur dudict hôpital, Noël Richard procureur fiscal, et Aymé Myard notaire royal, tous recteurs administrateurs dudict hôpital, pour satisfaire à l'ordre de monseigneur l'intendant de Lyon, certiffions le présent estat estre sincère et contenir vérité.

Fait au bureau dudict hôpital le deuxième juin mil sept cens vingt. — GALLAND théologal.

V

Ètat affirmé de l'état et revenus de l'hôpital de Beaujeu, signé des recteurs et administrateurs, et par eux affirmé véritable devant le lieutenant général le 19 novembre 1735.

État des biens et revenus de l'hôpital de Beaujeu en Beaujollois, que nous, Nicolas Brac, prêtre chanoine en l'église collégialle Nostre Dame du château dudit Beaujeu, Jean Baptiste Dumas et Pierre d'Aigueperse, marchands audit Beaujeu, présidents, recteurs et administrateurs dudit hôpital, donnons et affirmons véritable pour satisfaire à l'arrêt de la cour du treize mars dernier, qui, avant de prononcer sur l'enregistrement par nous requis des lettres patentes et de confirmation dudit hôpital, à luy accordées par Sa Majesté au mois de mars dernier, ordonne que nous donnerons le susdit état contenant par qui ledit hôpital est desservy.

Les biens dudit hôpital concistent : 1° aux batimens d'iceluy concistant en une grande sale (*sic*), où sont receus les pauvres malades, au nombre ordinairement de quatorze à seize, en une chapelle très bien ornée, où repose toujours le Très Saint Sacrement de l'autel ; aux logementz pour les sœurs, caves et greniers nécessaires et jardin y attenant.

2° En trois maisons scizes audit Beaujeu, du revenu d'environ cent cinquante livres de rente.

3° En un vignoble scitué dans la parroisse des Estoux attenante audit Beaujeu, qui rend année commune douze cent livres.

4° En trois domaines scitués en la parroisse d'Ouroux, à une lieue et demy de Beaujeu, admodiés, sans y comprendre les bois, à la somme de sept cent livres.

5° En rentes nobles pour environ cent livres de rente.

6° En rentes foncières ou constituées, dues par différents particuliers pour six cent cinquante livres de rente.

7° En un autre domaine, scitué en la parroisse de Chiroubles, à une lieue et demy de Beaujeu, rendant cent quarante livres de rente.

8° Enfin en rentes provenantz de remboursementz faitz

en billetz de banque pour la somme de quatre vingt dix livres, à cause de réductions.

Tous lesquels revenus fixes montent au total à la somme de trois mil trente livres de rente et revenu.

Ledit hôpital est actuellement desservy par cinq sœurs de l'ordre des hospitallières de Bosne (Beaune) et de Châlon, par un aumônier qui a son logement à dix pas de l'hôpital et par un chirurgien gagé.

Son temporel est administré par trois recteurs administrantz, qui changent tous les deux ans, et au bureau ont droit d'y entrer le juge et le procureur fiscal, et les deux eschevins ou principaux consuls.

Ledit état fait et affirmé à Beaujeu pour nous, recteurs et administrateurs susdits, le neufviesme novembre mil sept cent trente cinq. — BRAC chanoine, président recteur; D'AIGUEPERSE, recteur receveur ; DUMAS.

Cejourd'huy, dixième novembre mil sept cent trente cinq, par devant nous, Jacques Enemon Marie Mignot de Bussy, chevalier conseiller du roy, lieutenant général civil et criminel au baillage de Beaujollois, sont comparus Mre Nicolas Brac, Jean Baptiste Dumas et Pierre d'Aigueperse, recteurs et administrateurs de l'hôpital de Beaujeu, cy dessus nommés, lesquels, pour satisfaire à l'arrest de la cour cy devant datté, ont chacun séparément affirmé, par serment presté entre nos mains, au cas requis, que l'état des biens et revenus dudit hospital cy derrière d'eux signez est véritable, et tout son contenu. De laquelle affirmation nous leur avons, sur leur réquisition, donné acte pour servir et valloir ce que de raison ; et ont signez avec nous les jour et an que dessus. A Beaujeu, DUMAS; d'AIGUEPERSE, recteur receveur ; BRAC chanoine, président recteur ; MIGNOT.

VI

Mémoire des meubles que nous avons mis dans la chambre de l'hôpital, lesquel nous avons lessés en garde entre les mains d'Anthoine Buy et Nicole Dorrier sa femme, gardien dudict hôpital.

Premièremant neufz dosaines d'aix de bois sappin, lesquelle son seur le planché de la grand chambre. De plus dans ladicttes chambre on luy a garny quatres lictz de bois coral, liez deus enssemble, de quatres coverte sardy barré, et de quatres pallace, le tout neuve. De plus une petite couchette et des vielles couverte et matelat, avec le reste de la laines des matelat desfaictz.

De plus les quatres linceux que monsieur le procureur d'ofice a fourny pour ces lictz ; nous avons mis lesdictz linceux ché Darnairain, lequel les remettra alla (*sic*) gardienne des pauvres.

Le 11me juillet 1673 nous avons mis les quatres matelat seur les lictz que nous avons faictz refaires (*sic*) de la laines des vieulx matelat, bien garny de la toile que nous avons faictz faires à Anthoine Bessy [1].

Item huict linceulx thoille de ménage de quatre aulnes et demy chascun, oultre les quatre cy dessus.

Furent personnellement constitués ledict Anthoine Buir, et de son authorité Nicolle Dorrier sa femme, gardiens de l'hospital de Beaujeu, lesquelz de gré reconnoissent et confessent que sieur Claude Parier, l'ung des recteurs dudict Hostel-Dieu, présent, leur a remis tous les meubles et linges cy dessus à l'usage des pauvres dudict Hostel-Dieu, desquelz ilz promettent en avoir bon et fidel soing,

[1] Ce qui suit est d'une autre écriture moins nette, mais l'orthographe en est plus régulière.

et le tout représenter quand et à qui ilz en seront requis ;
obligent pour ce leurs personnes et bien, à peine de tous
despens, dommages et intérestz. Submissions, etc. Renon-
ciations, etc. Fait audict Beaujeu, estude du notaire royal
soubzsigné après midy, le dixiesme aoust mil six cens
soixante treize, présent messire Anthoine Garil docteur
ès sainctz décretz, doyen de l'église collégialle Nostre-
Dame du Chastel, et sᵣ Claude Denys, l'ung des consulz
dudict Beaujeu tesmoingtz, qui ont signé avec ledict sieur
Parier, et non lesdictz mariez Buir, pour ne sçavoir escripre,
enquis. — PARIER recteur, GARIL, DENIS, BRAC notaire royal.

VII

Mémoire du linge qu'il y a à la sales dans l'année 1737, le 13ᵉ mars, fait par moy Pressavin hospitalière

Premièrement des dras, seises douzaine de dras et six.
Plus des serviette 10 douzaine.
Plus des thoile d'oreilet 7 douzaine.
Plus chemise d'homme 3 douzaine.
Plus chemise de famme 3 douzaine.
Plus une douzaine d'essuiement.
Plus des bertin 6 douzaine.
Plus coife de femme tant ronde que dabandon 4 dou-
zaine.

VIII

Du moy de novambre de l'année 1738, mémoire du lange despeuy que sœur Pressavent est à Belleville, fait par moy sœur Robat

Premièrement des dras 17 dousaine ant contant les
méchant est 4 (en comptant les mauvais, et 4).
Des serviete 9 dousaine.
Des toyle d'aurelliez 5 dousaine est (et) 9.
Des bertent 5 dousainne.

Des escuyement 1 dousaine.

Des chemisette une dousaine tant coutont (coton?) que toyle.

IX

Quictance des sieurs Faure et Carrige, eschevins de Beaujeu, pour Estienne Fougière

Nous soubzsignez, eschevins de Beaujeu, avons faict compte final avec Estienne de la Fougière et Jane Floron sa femme, de la despence que frère Estienne Carta jaco-bin, ayant prêché le caresme dernier à Beaujeu, a faict en leur maison; et après avoir déduict et précomté ce que leur a esté baillé par Me Thomas Jardin, ilz ont forny troys escuz huit solz tournois, que leur sera entré et autant rabatu sur la ferme de l'hospital, don ledict de la Fougière est fermier. Faict à Beaujeu ce VIe apvril 1580. — Philibert Carrige, eschevin. Faure, eschevin.

Pour servir de quictance de 3 escuz 8 solz tournois.

X

Quictance de deux escuz donnés à Me André, sergent, et d'ung escu donné à une pauvre fille par le commandement des eschevins

Plaira à Mr de Pierreux et au sieur Claude Desbrosses drapier, recteurs de l'Hostel-Dieu de ce lieu, déduyre et allouer à honneste Marc Garil, fermier dudict hostel, sur le pris de sa ferme, deux escus sol pour achapt de quatre bichetz froment que les soubzsignés et aultres habitans de Beaujeu ont esté d'advis de bailler en aulmosne, du revenu dudict Hostel-Dieu, à Nycolle Giroud, femme d'Anthoine André, sergent, détenue en grande misère et maladye avec sa fille puis quatre ans ou environ, ainsy qu'il est notoyre.

Plus précompter et allouer audict Garil, fermier susdict, ung escu que les susdicts luy ont faict bailler pour aulmosne

à Benoiste fille feu Jacques Spire de Saint-Didier, cy-devant
chambrière de Philiberte Girson, estant malade en la maison d'une femme de cedict lieu nommée Lalongue, n'ayant
moyen de soy allymenter et en dangier de périr de faim,
comme a esté raporté. Faict à Beaujeu le Xe octobre mil
six cens unze. — MUNNERET eschevin. FAURE, RAQUIN.

XI

Requeste [1] à Messieurs les eschevins de la ville de Beaujeu

Messieurs, supplie humblement Mathurin de la Rivière,
praticien, natif de la ville de Chareres, venant de l'armée
d'Itallie, estropié d'une mousquetade, servant de greffier
dans l'artillerie de France, comme il appert par son congé,
n'ayant aucunes commoditez pour se conduire, implore la
faveur de voz assistances, et priera Dieu pour la conservation de voz prosperitez et santez. — DE LA RIVIÈRE.

Messieurs les recteurs, il vous plaira de donner au
suppliant vin sols, lesquels vous seront rentrai (*sic*) à
vostre randu-compte. Faict le neufviemme janvier mil six
cent trante set. — L. GONON eschevin.

10°

Convention entre les sieurs recteurs de l'hospital de Beaujeu et la maîtresse dudict hospital pour la réception des pauvres.

Cejourd'huy, vingt-troisième février mil sept centz et
six, Messieurs du conseil et le bureau des pauvres de

---

[1] Cette supplique a été bâtonnée, la feuille qui la porte ayant été
employée comme couverture à une *sentence en règlement d'intérêts*.

l'Hostel-Dieu de Beaujeu, délibérans sur le doute que l'on a fait naître au sujet du chapitre cinquième des règles et statuts des Sœurs hospitalières de l'hospital de Villefranche, dans lequel il est dit que la maîtresse recevra les malades, après les avoir fait visiter par le chirurgien, lequel donnera un certificat de la maladie, qui sera enregistré dans un livre destiné à cet effet [1], etc.

Sont convenus avec la révérende Sœur Fratrais, maîtresse dudict hospital de Beaujeu, qu'elle y recevra les pauvres qui luy seront envoyés par messieurs les recteurs avec des billets et le certificat du chirurgien ; comme pareillement, lorsqu'il se présentera des pauvres malades à l'hospital, la maîtresse les recevra, quoyqu'ils n'ayent point de billets des recteurs, conformément au susdict chapitre cinquiesme. A Beaujeu, ce 23e février 1706, au bureau des pauvres de l'Hostel-Dieu de Beaujeu : et a été signé un double des présentes, dont l'un est resté dans ledict bureau, et l'autre à la maîtresse dudict hospital. — VARENARD, chanoine de Beaujeu et premier recteur dudict Hostel-Dieu. Sœur FRATRAIS hospitalière. BRAC recteur. PRESSAVIN recteur.

Paraphé à Beaujeu ce 8 may 1707. — MIGNOT.

---

[1] Le premier registre d'entrée des pauvres à l'hôpital portait le titre suivant, c'est tout ce qui nous reste de lui :

A la plus grande gloire de Dieu.

Premier registre des pauvres malades qui sont entrés dans l'hospital de Beaujeu, en suite de l'établissement fait par messieurs de Beaujeu et la révérende Sœur Fratrais, hospitalière de l'hospital de Villefranche, apelée à Beaujeu pour établir celuy de Beaujeu et y servir les pauvres, suivant l'usage et les statuts de celuy de Villefranche, conformément au traitté fait par messieurs de Beaujeu avec messieurs du Conseil des pauvres de Villefranche, en datte du 28e may 1705, et à l'acte et au contract passé par messieurs les recteurs dudit hospital de Beaujeu avec ladite révérende Sœur Fratrais en datte du 18e janvier dernier. — Ce troisième février 1706.

Sur l'autre double, on a ajouté, après les signatures ci-dessus, l'article suivant :

Sont encore convenus entre eux mesdicts sieurs du conseil, pour éviter l'abbus qui pouroit arriver par trop de zèle et la trop grande charité de quelqu'un d'eux, qui seroit trop facile à donner des billets à un trop grand nombre de pauvres, et que par ainsy un seul rempliroit le petit nombre des lits qui peuvent être entretenus dans ledit hospital, eu égard à la modicité du revenu, lequel ne peut suffire à entretenir que sept à huit lits tout au plus, qu'ils les donneront chacun à leurs mois, à tour de rolle. — Sœur FRATRAIS hospitalière s. d. p. BRAC. PRESSAVIN.

Nota. — Sur une copie de cette convention, la fin de cet article a été ainsi modifié : « ... lequel ne peut suffire à entretenir que sept à huit lits tout au plus, qu'il seroit bon que chacun d'eux eut part à la charité et au soulagement des pauvres malades. Et pour que cela se fasse avec une espèce de justice et d'égalité, ils ont priés la supérieure de leur représenter dans les bureaux, les jours qu'ils se tiendront, les billets des recteurs qui auront envoyés des pauvres audit hospital, affin de modérer, s'il est nécessaire, la ferveur ou trop grande facilité de ceux qui seroient trop charitables pour les uns au préjudice des autres. »

11°

Requeste concernant la destruction de la chappelle de l'Hostel-Dieu de Beaujeu

A Monseigneur, Monseigneur l'illustrissime et Révérendissime évesque de Mascon, ou Monsieur son grand vicaire.

Supplie humblement messire Antoine Denys, prestre societtaire de l'église parrossialle Saint-Nicolas de Beaujeu et recteur de l'Hostel-Dieu dudit lieu, qu'ensuitte du verbail cy joinct, qu'il vous plaise permettre la destruction de la chapelle dudit Hostel-Dieu, n'y apparessant aucunes fondations qui soient de la connessance d'aucun des habitans dudit lieu, et l'autel n'estant du tout point consacré, et d'agréer qu'on en bâtisse une nouvelle dans le fond de la grande salle des malades, et en cas de besoin y transférer le service et fondation, si aucuns se trouve être en laditte ancienne chapelle ; et les pauvres prieront Dieu pour vostre prospérité et santé. — DENYS, recteur.

Soit communiqué au promoteur. A Mâcon, le 14 aoust 1685. François CUISSARD, vicaire général.

Le promoteur en l'officialité de Mascon soubsigné, qui a veu la présente requeste et la délibération du chapitre, eschevins et officiers de la parroisse de Beaujeu, de ce diocèse, du dixième du présent mois, consent pour le bien des pauvres et du public que l'ancienne chappelle qui est en ruine, et qui fait obstacle à l'édifice entrepris pour loger et recevoir les pauvres, soit desmolie aux conditions contenues dans laditte requeste, et pourveu que les droits du curé ne soient point diminuez. A Mascon ce quatorzième aoust 1685. — J. SOLDAT promoteur.

Soit fait suivant les conclusions du promoteur. A Mâcon, le 14 aoust 1685. François CUISSARD, vicaire général.

12°

Verbail de la bénédiction de l'autel de la chappelle de l'Hospital

Nous Antoine Bessie, prêtre et doyen du chapitre de l'église collégialle de Notre-Dame du château de Beau-

jeu. en conséquence de l'ordonnance de Monseigneur
l'évesque de Mascon, en datte du septième juin dernier, par laquelle il nous a fait l'honneur de nous
commettre pour faire la visite de l'autel nouvellement
construit dans la salle de l'hospital de Beaujeu et en
dresser nostre procès-verbal, nous nous sommes trans-
portés dans ledit hôpital et dans la salle d'iceluy, au bout
de laquelle, du costé de matin, il y a une chapelle séparée
de ladite salle par une marche et une balustrade d'hauteur d'appuy, et contre la muraille est posé un autel de
massonnerie que nous avons visité comme s'ensuit. Ledit
autel est garny de menuiserie et d'un cadre sur le devant,
avec son devant d'autel, ledit autel long de six pieds avec
un marchepied ; au milieu dudit autel est posé un marbre
sacré ; contre la muraille au dessus dudit autel sont
deux gradins avec des chandeliers et un crucifix au
milieu. Contre la muraille est un grand tableau repré-
sentant saint Pierre apostre, large de six pieds et haut de
huit et demy avec son cadre. A l'instant mons^r Pressavin,
l'un des recteurs dudit hôpital, nous a fait voir dans un
coffre plusieurs nappes d'autel et des ornemens, comme
chasubles, étolles, manipules, devant d'autel, des aubes,
amits et ceintures, un calice d'argent la coupe dorée au-
dedans, avec la patène de même, des corporaux, purifica-
toires et voiles de calice de soye, et un missel ; et nous a
dit le tout être et apartenir à l'hôpital. En foy de quoy,
nous avons fait et signé le présent verbal en présence de
Messieurs le curé et le juge de Beaujeu, qui ont signés
avec nous audit hôpital de Beaujeu, ce dousième julliet
mil sept cents et quatre. — A. Bessie doyen de Beaujeu,
Garil, De la Chartonnière curé de Beaujeu. — (De la
main de Bessie de Montauzan.)

Nous, évesque de Mascon, veu le verbal de l'autre
part, par lequel il nous paroist que l'autel, élevé depuis
peu dans la sale de l'hôpital de Beaujeu, est en bon état,
garny d'un calice et patène d'argent bien dorés, et de
tous ornemens nécessaires à la célébration de la sainte
Messe, commettons le sieur Bessié, doyen de Beaujeu,
pour faire la bénédiction dudit autel, en observant les
cérémonies accoutumées, et permettons ensuite à tous
prestres, aprouvés de nous ou de nos grands vicaires, d'y
célébrer la sainte messe. Donné à Mascon en notre palais
épiscopal, le vint cinquième juillet mil sept cens quatre.

MICHEL évesque de Mascon. Par Monseigneur, MAIN
secrétaire.

13°

Projet d'une requeste pour obtenir des indulgences et la permission de faire donner la bénédiction dans la chappelle de l'hospital.

A Monseigneur, Monseigneur l'Évêque de Mâcon

Supplient humblement les maire, lieutenant de maire,
échevins, recteurs et administrateurs de l'hôpital de
Beaujeu, conjointement avec les pauvres malades et les
Sœurs hospitalières qui les servent, et remontrent à Votre
Grandeur que, depuis environ dix ans qu'elle a eu la
bonté de leur accorder l'établissement des Sœurs hospitalières de l'hôpital de Villefranche dans celui de Beaujeu,
l'on a vu avec admiration une si sensible protection de la
bonté divine sur cette petite maison des pauvres encore
naissante sur des très foibles commencemens, que l'on y
voit à l'ordinaire onze à douze pauvres très bien servis et

entretenus, malgré tous les fâcheux temps que l'on a souffert dans ces malheureuses années de famine et de perte de bestail.

Comme l'on doit ces heureux accroissemens à une bonté toute particulière de la Providence divine sur cette maison des pauvres, et à la piété des Sœurs qui les servent avec une assiduité et une charité des plus édifiantes, les supplians souhaitteroient de leur côté en pouvoir rendre à Dieu leurs plus humbles actions de grâces et tâcher de contribuer, autant qu'il leur sera possible, à attirer dans cette sainte maison de Dieu la dévotion et la piété des peuples, ce qui ne peut être qu'au grand avantage spirituel et temporel des pauvres.

C'est ce qui les oblige à supplier Votre Grandeur de leur vouloir accorder, en faveur des pauvres, la permission de faire donner tous les premiers dimanches de chaques mois la bénédiction du Très Saint-Sacrement en la chapelle dudit hôpital, où il y a un autel et un tabernacle tout doré et très propre, et dans lequel Votre Grandeur a déjà eu la bonté de permettre d'y conserver le Très Saint-Sacrement. Il y aura ces jours-là grand concours et dévotion des peuples, parce que Monsieur le Curé de Beaujeu, par un ancien usage, y conduit après les vêpres de la paroisse une procession ; et en même temps on le priera de donner la bénédiction, à laquelle il y aura d'autant plus de monde que l'on n'en donne aucune ce jour-là dans toute la ville. L'on demande encore à Votre Grandeur la même grâce pour les jours des festes de sainte Magdelaine, sainte Marthe et saint Charle, patrons particuliers de l'institut des Sœurs hospitalières et d'y vouloir bien joindre des indulgences pour satisfaire à la piété des fidelles qui les souhaittent avec empressement pour la

consolation et le soulagement spirituel des pauvres malades et des Sœurs qui les servent, qui sont privés des
indulgences que reçoivent ceux qui assistent aux bénédic
tions qui se donnent dans les autres églises de la ville.
Et tous humblement reconnoissant d'un si grand bienfait,
qui les soulagera et récréera si abondamment dans leurs
souffrances et dans leurs peines, ils continueront d'offrir
à leur adorable médecin et divin Maître leur vœux et leurs
prières pour la conservation et prospérité de Votre Grandeur. — (*De la main de Bessie de Montauzan.*)

14°

Deux pièces concernant le transfert de la chapelle du Bruchet

I

Demande de transférer cette chapelle à l'Hôtel-Dieu

*A Monseigneur, Monseigneur l'illustrissime et
révérandissime évesque de Mascon*

Supplient humblement M° Antoine Biac, docteur-
médecin, et M° Nicolas Pressavin, notaire royal et procureur à Beaujeu, recteurs et administrateurs des pauvres
de l'Hostel-Dieu dudit Beaujeu, et remonstrent à Vostre
Grandeur que, depuis la nomination qui a été faicte de
leurs personnes de recteurs pour l'administration des
revenus dudit Hostel-Dieu, ils ont par leurs épargnes et
soins faict construire une salle où ils ont faict pozer
douze licts, à l'haut d'icelle faict faire une chappelle pour
y dire les messes aux malades ; et comme le revenu dudit
Hostel-Dieu n'est pas d'une grosse conséquance pour y

pouvoir entretenir un prestre, ils auroient, conjoincte-
ment avec les habitans dudit Beaujeu, priés messires
François et Antoine Varenard, sacristain et chanoines du
chasteau de Beaujeu, chappellains de la chappelle Bruchet, de vouloir, soubs le bon plaisir de Vostre Grandeur,
consentir à la translation des messes qu'ilz doivent dire
pour la fondation de ladicte chappelle Bruchet, à les dire
dans la chappelle dudit Hostel-Dieu, d'autant qu'ils sui-
vroient par ce moyen l'intention de leur fondateur,
puisque, par son testament du trante may mil six cent
cinquante neuf qui contient ladicte fondation, il est dit
en termes exprès qu'il veut et entend que, jusques à ce
que les chappelains ayent faict bastir une chappelle au
lieu appellé du Festre, situé en la parroisse de Sainct-
Didier, les messes de sadicte fondation soient dictes et
cellébrées en l'églize dudit Beaujeu, ou en la chappelle
dudit Hostel-Dieu; et comme le fondz par luy destiné a
été évincé ausdictz sieurs chappelains par arrest, qu'ils se
trouvent par conséquent ors d'état de pouvoir la faire
bastir. Ausquelles remonstrances lesdictz messires Varenard, chappellains, et sieur Jean Varenard, bourgeois de
Lyon, patron de ladicte chappelle Bruchet, ont bien voulu
adhérer et consentir à ladicte translation, et s'engager à
dire les messes de ladicte fondation Bruchet dans la chappelle dudit Hostel-Dieu, suivant qu'il paroît par l'acte
d'assemblée du neufviesme mars dernier, toutesfois soubs
le bon plaisir de Vostre Grandeur. C'est pourquoy ils
requièrent à ce qu'il vous plaise, Monseigneur, vouloir
homologuer ladicte translation de chappelle et messes de
ladicte chappelle Bruchet en celle dudit Hostel-Dieu; et
en conséquance commettre quelle personne qu'il plairra
à Vostre Grandeur, pour faire visitte de ladicte chappelle,

Ordonnance écrite de la main de Mgr de Tilladet, évêque de Mâcon (voir p. 153)

(Fac-simile réduit de 1/4)

Veu la presente requeste
avant de faire droit
sur icelle, ordonnons que visite
sera faicte de l'autel nouvellement
construit dans la salle de l'hopital de beaulieu
pour reconoistre s'il est conforme aux sts canons;
avec les vases sacres, et ornemens necessaires
pour le st sacrifice, et a cet effet commettons
Mr Belliè Doyen de beaulieu lequel dressera
un procès verbal dela dicte visite; que nous
estant raporté il sera ordonné
ce qu'il apartiendra. a mascon en
nostre palais episcopal le 7 juin 1704
Michel E. De mascon

et en suite du raport qui en sera faict à Vostre Grandeur, de vouloir commettre quel prestre qu'il luy plairra pour en faire la bénédiction. Et lesdictz suplians prieront Dieu pour la prospérité et conservation de Vostre Grandeur. — Pressavin.

Veu la présente requeste, avant de faire droit sur icelle, ordonnons que visite sera faicte de l'autel nouvellement construit dans la salle de l'hôpital de Beaujeu, pour reconoistre s'il est conforme aux saints canons, avec les vases sacrés et ornemens nécessaires pour le saint sacrifice. Et à cet effet comettons Mr Bessié, doyen de Beaujeu, lequel dressera un procès-verbal de laditte visite[1], qui nous estant raporté, il sera ordonné ce qu'il apartiendra. A Mascon, en nostre palais épiscopal, le 7 juin 1704. — Michel, évesque de Mascon.

II

Approbation du transfert de la fondation de messes de Claude Bruchet

A Monseigneur, Monseigneur l'illustrissime et révérendissime évêque de Mâcon

Suplient humblement les sieurs magistrats, officiers, eschevins, présidens, recteurs et administrateurs de l'Hôtel-Dieu de Beaujeu, et remontrent à Vostre Grandeur que deffunct messire Claude Bruchet, prestre chanoine en l'églize collégialle Nostre-Dame du château dudit Beaujeu, par son testament du 3o[e] may 1659, auroit fondé une chapellenye ou commission de messes, pour la desserte de laquelle il auroit fondé deux chapelains, à la nomina-

---

[1] Ce procès-verbal est reproduit ci-dessus, au n° 12 de l'appendice, page 147.

tion d'un patron laïc, et ordonné la construction d'une chapelle dans un endroit désigné par son testament. Comme il prévoyoit bien que, pouvant y avoir quelque embarras dans son hoirye, cette chapelle pourroit bien n'estre pas si tost bastie, il ordonnoit par ce testament que, jusques à ce qu'elle le fût, les chapelains seroint tenus d'en faire le service et dire les messes, ou dans l'églize paroissialle de Beaujeu, ou dans la chapelle de l'Hôtel-Dieu du même lieu, et pour que sa fondation fût toujours fidellement exécutée en ce qui concerne le service, il veut par une des clauses d'icelle que, (au cas) où par négligence ou autrement les chapelains manqueroint à le faire, ils seroint tenus de payer, pour chacque messe qui manqueroit d'estre dite, la somme de trois livres, payable la moityé à l'hôpital et l'autre aux religieux du Tiers-Ordre dudit Beaujeu. Depuis, quelques fonds qui servoint de dotation à laditte chapelle, et singulièrement la place destinée pour la bâtir, ayants estés évincés par arrest, les chapelains se trouvèrent par ce moyen réduits dans l'impossibilité de satisfaire à l'intention du fondateur en ce qui concerne la construction de la chapelle qu'il avoit voulu estre faite dans l'endroit qu'il avoit désigné pour cela ; et estants par conséquent devenus maîtres de faire le service et de dire les messes de cette fondation où bon leurs sembleroit, c'est ce qui fit que les sieurs Antoine et François Varenard, chanoines en laditte églize collégialle du château de Beaujeu et chapelains de laditte chapelle, persuadés avec raison qu'ils ne pouvoint mieux, dans l'estat des chozes, répondre à l'intention du fondateur qu'en choisissant l'hôpital dudit Beaujeu, qui est un des deux endroitz qu'il avoit lui-même choisy, par son testament, pour y faire le service et dire les messes atta-

chées à sa fondation ; invités d'ailleurs à ce choix par
cette double considération, qu'ils procureroint d'un costé
un grand avantage aux pauvres, en leurs asseurant de cette
façon tous les jours une messe, et de l'autre qu'ils s'évi-
toint à eux-mêmes la dépense de la construction d'une
chapelle, par la faculté que l'on leurs donnoit de les faire
dire sur l'autel dudit hôpital, ils auroint volontiers entendu
aux propositions qui leurs furent faites par les supliants,
à ce qu'ils eussent à vouloir transférer (ou, pour mieux
dire, continuer) la célébration des messes qu'ils devoint à
laditte fondation Bruchet, en la chapelle dudit hôpital.
Le sieur Jean Varenard, pour lors patron de laditte chapelle, ayant pareillement considéré que cette translation,
dans l'estat des chozes, estoit également conforme à l'intention de ses prédécesseurs fondateurs, et en même temps
utile aux pauvres et à la chapelle même, y auroit aussy
volontiers donné les mains. Enfin cette translation ne se
pouvant faire sans l'authorité et l'agrément de Vostre
Grandeur, tant lesdits sieurs Varenard chapelains et
patron, que les supliants le luy auroint demandé; et
Vostre Grandeur, ayant eu la bonté de le leurs donner
verbalement, il se passa en conséquence un acte de laditte
translation, le neuf mars mil sept cens quatre, entre
lesditz sieurs chapelains et patrons et les supliants. Par
cet acte lesditz sieurs chapelains, en conséquence du consentement du patron, et sous le bon plaisir de Vostre
Grandeur, s'obligent, eux et leurs successeurs, de dire ou
faire dire les messes portées par la fondation Bruchet
dans la chapelle dudit hôpital, et de la part tant de messieurs de la ville que des sieurs recteurs, l'on s'oblige de
donner ausditz sieurs chapelains une place dans la chapelle dudit hôpital, telle qu'il est porté dans l'acte, pour

y avoir par eux la liberté d'y faire bastir, quand bon leurs semblera, une chapelle, sur laquelle ils pourront faire mettre les armes dudit deffunct sieur Bruchet et les leurs, et une autre place pour y ensevelir tant ledit sieur Bruchet qu'il leurs seroit à cet effect permis d'y faire apporter, que les chapelains et patrons avenir (*sic*). Et comme les supliants ont un intérest sensible que cet acte qui, comme Vostre Grandeur le voit, n'a rien que de bon en luy-même, rien que d'avantageux pour la fondation du sieur Bruchet et pour les chapelains d'icelle, comme pour les pauvres, et qui est d'ailleurs revêtu de toutes les formalités en pareil cas requises, à l'exception de la confirmation et authorisation par écript de Vostre Grandeur, soit ferme et stable à jamais, ce qui ne se peut que par vostre ditte confirmation et homologation, ils recourent à Vostre Grandeur.

Ce considéré, il vous plaize, Monseigneur, veu le testament dudit deffunct sieur Bruchet et le susdit acte, l'approuver, rattiffier et homologuer, ce faisant ordonner qu'il sera exécutté suivant sa forme et teneur ; et les supliants continueront leurs prières et feront redoubler celles des pauvres dudit hôpital, pour la prospérité et santé de Vostre Grandeur. — *Signé* : PRESSAVIN juge prévost, DUBOST chanoine, président recteur, RICHARD procureur fiscal et recteur dudit hôpital, MYARD recteur, GELIN consul.

Michel de Tilladet, évêque de Mâcon, vu la présente requeste à nous présentée par les sieurs magistrats, officiers, échevins, recteurs et administrateurs de l'Hôtel-Dieu de Beaujeu, par laquelle il nous paroît qu'il s'agit de l'exécution de la fondation de Claude Bruchet, chanoine en l'église collégiale du château de Beaujeu, portée par son testament du 30e may 1659, par laquelle les sieurs François et Antoine Varenard, chapellains de laditte cha-

pelle Bruchet, ont de notre consentement acquité les
messes de laditte fondation dans la chapelle de l'Hôtel-
Dieu de Beaujeu; et en conséquence ils ont passé un acte,
le 9 du mois de mars 1704, avec les suplians, en présence
de Mr Bessié doyen du chapitre de Beaujeu et du sieur
curé, par lequel ils s'obligent de dire les messes dans la
chapelle nouvellement construite dudit hôpital en faveur
des pauvres malades; vu le testament du s^r Claude Bruchet
du 30e may 1659 et l'acte passé le 9e du mois de mars
1704, requérant les suplians qu'il nous plût le ratifier et
homologuer, afin que ce qu'il contient fût stable et exécuté;
nous, désirant favoriser les pauvres malades dudit hôpital de Beaujeu, et procurer l'exécution de la fondation
Bruchet, avons approuvé et homologué ledit acte du
9 mars 1704, voulons qu'il soit exécuté selon sa forme et
teneur; et à cet effet avons aposé notre décret judiciel.
Fait à Mâcon, en notre palais épiscopal, le septième juillet
mil sept cent vingt-trois. — *Signé :* MICHEL, évesque de
Mascon. — Par Monseigneur : J. PÉGUT, secrétaire.

18°

Pièces relatives à la démolition d'une porte de la ville de Beaujeu

I

Placet à Son Altesse Royalle Monseigneur le duc d'Orléans,
au sujet de cette porte

*A Son Altesse Royalle Monseigneur le duc d'Orléans
et à Nosseigneurs de son Conseil*

Suplient très humblement les recteurs, administrateurs
et économes de l'hôpital de Beaujeux, remontrent à Votre
Altesse Royalle que, par les soins et libéralitez des

habitans de la ville de Beaujeux, l'on auroit fait bâtir une grande salle dans laquelle ils auroient fait poser vingt litz pour y coucher les pauvres malades, et dans cet hôpital ils ont pris des filles religieuses de Villefranche pour en avoir le soin ; en telle sorte que, par la misère du temps, ce même hôpital est sy remply de pauvres, qu'ils ont esté obligez de doubler les litz. Et comme cette salle est bâtie proche la porte de la ville, que cette porte même partage ladite salle, de manière qu'ils n'ont pu continuer une terrasse sur laquelle les pauvres convalessens pouroient se promener, et qu'aussy au-devant dudit hôpital il y a une place inutile à la ville, dans laquelle il n'y a que des inmondices, que même elle n'est pas égalle de sorte que, quand il vient des pluyes, les torens qui dessendent de la montagne ne pouvans s'écouler, regorgent et inondent ledit hôpital. C'est pour toutes ces raisons que lesdits administrateurs ont recours à Votre Altesse Royalle et à Nosseigneurs de son Conseil, à ce qu'il vous plaise leur accorder la liberté de faire démolir la porte de la ville, et la porter à leurs frais au coin de la salle dudit hopital, jusqu'au coin de la première maison du faubourg, du costé de la ville, pour avoir la liberté de continuer leur terrasse ; comme aussy leur accorder la place qui est au-devant dudit hôpital, sous les offres qu'ils font d'en faire oster à leurs frais les inmondices, la metre en telle sorte que les eaues pleuvialles puissent s'écouler par des canaux qu'ils feront faire ; ce qui sera non seulement util audit hôpital par le bon air que les pauvres en respireront, mais encor aux maisons voisines appartenantes à différans bourgeois. Les pauvres et administrateurs continueront leurs prières pour la santé et conservation de Votre Altesse Royalle.

Au bas de ce placet un des conseillers du prince a écrit, selon l'usage : « Soit comuniqué aux maire et eschevins. Fait ce 21ᵉ juin 1706. *Signé* : VAILLANT. »

A la suite de cette communication, les officiers de la ville de Beaujeu présentèrent de leur côté un placet pour le même objet, comme on peut le constater par la note suivante, écrite au dos de la pièce précédente. « L'on en a présenté un autre aux noms des sieurs officiers, maire, consuls, recteurs et administrateurs de l'hôpital dudit Beaujeu ». Ce second placet offrait vraisemblablement quelques petites différences avec le premier, car la réponse du prince parle de la démolition d'une toise de muraille dont il n'est pas question dans celui-ci.

II

Don fait par Son Altesse Royalle Monseigneur le duc d'Orléans à l'hôpital, de la place au-devant de l'hôpital

Extrait des registres du Conseil de Son Altesse Royalle

Sur la requeste présentée à Son Altesse Royalle en son Conseil, par les administrateurs de l'hospital de Beaujeu en Baujolois, contenante que, pour achever les bastimens qui doibvent accompagner la grande salle dudit hospital, ils auroient besoin d'une porte de la ville de Beaujeu qui est presque ruinée, qui est la seulle qui reste, et laquelle partage la face de ladite salle, en sorte qu'il y en a une partie en dedans la ville et l'autre au dehors ; et devant ledit hospital il y a une place inutille à la ville, remplie d'immondices, et si inégalle que les pluies et torrens qui descendent de la montagne ne peuvent s'escouler, et se regorgeans inondent ledit hospital. Requé-

roient qu'il plust à Son Altesse Royalle leurs accorder la
démolition de ladite porte et une toise de muraille y attenante, et la place qui est au-devant dudit hospital, sous
les offres qu'ils font d'en oster à leurs frais les immondices,
ce qui sera non seulement util audit hospital pour procurer un bon air aux pauvres, mais encore aux maisons
voisines des particuliers. Veu ladite requeste, signée des
maire et eschevins de Beaujeu, et des recteurs et administrateurs dudit hospital, oui le raport du sieur de Saint-
Jory, conseiller ez conseils de Son Altesse Royalle, intendant de ses maisons, domaines et finances, Son Altesse
Royalle en son Conseil a accordé et accorde à l'hospital
dudit Beaujeu la desmolition de la porte joignante la salle
dudit hospital, ensemble une toise de muraille y attenante ; laquelle porte ils fairont restablir à leurs frais au
bout de ladite salle dudit hospital; et leurs a aussy accordé
la place qui est devant, devenue inutille à la ville, à la
charge par les administrateurs d'en faire oster à leurs frais
les immondices, et y faire faire toutes les autres réparations
nécessaires pour l'escoulement des eaux. Fait au Conseil
de Son Altesse Royalle tenu pour ses finances à Paris, ce
dix-septième aoust mil sept cens huit. *Signé :* CARTILLIET.

16°

**Tableaux de la situation financière de l'hôpital
de 1789 à 1814.** (*Extrait du Registre n° 1 des
Délibérations, p. 116 v°.*)

Cejourd'hui dimanche, premier may mil huit cent quatorze, la Commission administrative de l'hospice s'est
réunie.

Presque tous les membres avoient été dispersés pendant les jours calamiteux qui se sont écoulés, à peine quelques-uns ont paru momentanément pour veiller aux besoins pressants, et c'est à Madame Lièvre, supérieure, à qui l'administration doit particulièrement le salut et la conservation de cet établissement qu'elle a garanti des dangers dont il étoit entouré. Elle s'empresse d'accorder à Madame la Supérieure le tribut d'éloges et de reconnaissance que méritent son zèle, sa prudence et sa fermeté ; elle ne rend pas moins de justice aux autres dames hospitalières qui la secondent dans l'administration intérieure de cette maison : toutes ont rendu des services essentiels à l'hospice en particulier, mais encore à la presqu'universalité des citoïens de cette ville.

Un autre sentiment que les cœurs de tous les membres de cette administration s'empressent de manifester, c'est de voir le nouvel ordre de choses qui vient de s'établir dans le gouvernement. La restauration miraculeuse qui rappelle les Bourbon au thrône de leurs ancêtres est du plus heureux augure pour le bonheur de tous les Français, mais particulièrement pour les établissements qui, comme cet hôpital, sont destinés au soulagement de la classe des citoïens indigens et malades.

Une lettre de Mr le sous-préfet provisoire, en date du 27 avril, a été mise sous les yeux des membres de la Commission administrative. Il annonce le désir de Son Altesse Royale *Monsieur*, de réparer ou affaiblir l'atteinte que l'état de guerre a portée à cette maison ; il demande un état des charges qu'a éprouvées cet hospice, la situation dans laquelle il se trouve, et les moyens de remédier au mal qu'il a pu éprouver.

La Commission administrative délibérant sur le contenu

11

de cette lettre, a arrêté de présenter le tableau qui suit et de l'adresser à M^r le sous-préfet provisoire avec une lettre en réponse à la sienne du 27 avril.

État de situation de l'hôpital de Beaujeu

Premier tableau, des pertes éprouvées de 1789 à 1796 :

L'hôpital de Beaujeu a éprouvé d'énormes pertes depuis 1789 jusqu'en 1796 :

1° Ses propriétés en vignoble, situées sur les communes des Étoux et de Lentignié, canton de Beaujeu, formoient une des branches principales de son revenu ; l'hiver de 1788 à 1789 fut si terrible que les vignes furent gelées, il fallut les arracher presque toutes.

2° en 1793, 94 et 95, tems que dura les séquestres des biens de cet hôpital, vingt-huit mille francs de capitaux furent remboursés entre les mains des receveurs des Domaines, sans qu'il ait été accordé aucune indemnité de la part du gouvernement, cy. . . . .   28.000 fr.

3° En 1793, peu avant le séquestre, 14.000 francs en numéraire qui avoient été placés et dont les fonds étoient destinés à la construction d'un édifice neuf pour l'établissement d'une nouvelle salle, furent remboursés en assignats. Cette somme a été perdue pour cet hôpital, cy . . . .   14.000 fr.

4° Quelques autres remboursements partiels de capitaux, quelques rachats de redevances à moitié et à tiers fruits furent aussi faits en assignats, ce qui opéra une perte de plus de 8.000 francs en capital, cy . . . .   8.000 fr.

A reporter. . .   50.000 fr.

Report. . . 5o.ooo fr.

5° Le terrier en rentes nobles de l'hôpital subit le sort des autres droits féodaux ; cette perte, soit par la prestation annuelle, soit par les droits éventuels à raison des mutations, peut être évaluée à 3oo francs de rente et, par conséquent, à 6.ooo francs de capital, cy . . . . 6.ooo fr.

Total. . . . . 56.ooo fr.

Deuxième tableau, de 1796 à 1797 :

Au commencement de 1796 l'hôpital fut réintégré dans ses propriétés foncières.

Il seroit difficile de peindre sa situation et la pénurie où il se trouvoit, le prix des fermes ne s'acquittoit qu'en assignats ou en mandats de nulle valeur. Les rentes se payoient dans la même monnoie; une maison à moitié construite dépérissoit. Les administrateurs furent obligés de faire des quêtes en denrées et de réclamer les secours sans lesquels il eût été impossible de subvenir à la subsistance des pauvres malades. Le zèle des uns, la charité des autres, soutinrent l'existence de cette maison où toutes les sources de revenus étoient taries.

· Troisième tableau, de 1797 à 1800 :

L'argent reparut, quelques arrérages échus furent recouvrés ; l'administration, avec de l'ordre et de la parcimonie, pourvut aux besoins. Elle fit plus, elle répara le vignoble et le mit dans un bel état de production.

Quatrième tableau, de 1800 à 1809 :

Dans cet intervalle de tems, le prix des fermes fut élevé, les récoltes du vignoble furent productives. Quelques dons, dont l'emploi étoit indiqué, permirent le parachèvement de la nouvelle salle.

Mesdames de Millière, Mʳ Delafond furent des bienfaiteurs généreux ; les administrateurs, consultant plutôt le désir de soulager promptement l'humanité que les moyens réels de l'hôpital, établirent dix-huit lits nouveaux dans la salle neuve. Dieu bénit et seconda leur zèle ; de bonnes récoltes en vins, des prix de ferme élevés au maximum de leur valeur, de petits dons particuliers soutinrent cette maison dans un état assez prospère.

Cinquième tableau, de 1810 à 1814 :

Durant ce laps de tems, cet hôpital a éprouvé de grands revers. En 1809, les fermes furent renouvellées ; elles subirent une diminution d'un tiers.

Le produit des récoltes en vins en 1810, 1811, 1812 et 1813 suffit à peine à la consommation de la maison, et cette source considérable de revenus fut tarie.

En 1811, 1812 et 1813, la cherté du prix des grains doubla et tripla même la dépense de cette nature de denrées. Le prix de la viande fut élevé à un quart et même un tiers au-dessus de sa valeur ordinaire. Toutes les productions coloniales furent portées à un prix énorme, et de ce nombre il en est dont on ne peut se passer, soit pour la pharmacie, soit pour les besoins des malades.

Dès lors, les revenus de la maison furent de beaucoup insuffisans pour subvenir aux dépenses ; il a fallu contracter des dettes, et dans ce moment la maison est arriérée de huit mille francs.

Sixième tableau : pertes éprouvées par l'invasion des troupes étrangères en 1814 :

Le 15 mars 1814, les troupes étrangères envahirent Beaujeu de vive force. Elles pénétrèrent dans toute la ville... (Voir la suite ci-dessus, p. 49.)

Les pertes qu'a éprouvé l'hôpital dans cet événement, soit pour les dégâts faits aux toitures, aux murs et dans l'intérieur des bâtimens, soit par les pertes de matelats, couvertures, draps et linges, sont bien modérément évaluées à cinq mille francs, cy 5.000

Le 17 mars, les troupes étrangères rentrèrent en grand nombre et, comme presque tous les habitans de la ville étoient en fuite, le corps entier des officiers et un grand nombre de soldats furent logés et nourris à l'hôpital.

Successivement, d'autres corps de troupes vinrent et furent reçus, et leur principal asile fut encore l'hôpital. Ce surcroît de dépenses pour cet établissement s'élève au moins à quinze cents francs, cy 1.500

Total. 6.500

Ainsi cette maison, si utile aux pauvres malades des trois cantons de Beaujeu, Montsols et Saint-Nisier d'Azergues, se trouve arriérée de près de quinze mille francs.

La Commission s'est ensuite occupée de l'approvisionnement du bois de chauffage pour l'hiver prochain, dont la coupe a été interrompue par les événements extraordinaires qui ont eu lieu. MM. Delafond et Reyssié ont promis de pourvoir aux grains nécessaires pour la consommation de l'hôpital. Enfin il a été pourvu aux réparations les plus urgentes à faire dans les bâtimens de l'hôpital, par suite de l'incendie qui a eu lieu le 15 mars.

17°

Liste des donateurs qui ont contribué à la construction d'une nouvelle salle en 1852

Aujourd'hui, 26 décembre 1852, la Commission administrative s'est réunie. Le corps de bâtiment, projeté
depuis plus de quinze ans au nord-ouest de la chapelle,
a été construit d'après les plans approuvés en 1841 par
le Conseil des bâtiments à Paris, mais modifiés en partie.
Le toit est recouvert de tuiles plates, d'un modèle nouveau, prises à Saint-Genis-Laval. L'aile que l'on ajoutera
plus tard à ce bâtiment, du côté du sud, est fondée jusqu'au
niveau du sol ; la cour a été close par un mur neuf ; on y
a placé un portail donnant sur le sentier qui conduit à la
rivière. Le grenier est arrêté. Il reste à achever l'intérieur
de la salle et de la sacristie, à placer les portes et les
croisées, et à faire les galeries qui donnent sur la cour.

Ces travaux, commencés le 20 août, ont été achevés
dans les premiers jours de décembre. L'architecte directeur est M. Louis Bresson, de Lyon ; l'entrepreneur de la
maçonnerie est M. Louis Boudet, aussi de Lyon. Cette
construction s'est élevée en dépit de toutes les entraves
suscitées ; elle est due au zèle éclairé et persévérant de
Mᵐᵉ Claudine Escallier, supérieure de nos Dames hospitalières de l'ordre de Sainte-Marthe. Le prix de ce bâtiment
a été donné en partie par nos Dames hospitalières elles-
mêmes ; le surplus provient des quêtes qu'elles ont faites
dans toutes les communes des environs et des dons qu'elles
ont reçus.

La Commission pense qu'il est à propos de consigner
ici le détail des sommes employées à ce bâtiment (de la salle
nouvelle). L'on a payé :

1° Aux journaliers, pour le creusement des fondations, transport de la terre et des matériaux, cent soixante-quinze francs cinquante centimes. . .   175 50

2° A M. Boudet, pour la maçonnerie . . .   3.452 »

3° A M. Gaudet, de Belleville, pour 844 hectolitres de chaux. . . . .   1.554 »

Id. pour 15 sacs de plâtre pour la pose des pierres de taille.   37 50

Id. pour 1.650 plotets ou grosses briques. . . . .   132 »   } 2.012 50

Id. pour 7.600 carreaux pour le grenier . . . .   289 »

4° A Grandjean, pour la fourniture de la pierre de taille . . . .   3.436 »

5° A Berger, de Lucenay, encore pour fourniture de pierres de taille . . . . . .   341 »

6° A Berthelier, marchand de bois . . . .   2.077 »

7° A Bernillon, pour 240 charges de sable.   478 40

8° A Bansillon, charpentier. . . . . . .   654 »

9° A M. Bresson, architecte. . . . . . .   680 »

10° Pour 21 toises cubes de pierres brutes prises en différents lieux 576 55

11° A différentes personnes, pour 2.100 bennes de sable à o fr. 35. . . . . .   594 »

12° A M. Vox (ou Von), de Saint-Genis, pour les tuiles plates, tuiles faîtières, etc. .   1.027 »

Total. 15.503 95

L'on a aussi jugé à propos de consigner ici le détail de toutes les sommes de vingt francs et au-dessus données pour cette bonne œuvre, afin de désigner à la reconnaissance des malheureux les noms de leurs bienfaiteurs et d'appeller (*sic*) sur leur mémoire les prières et les bénédictions des âmes pieuses.

Souscriptions particulières :

Mme Ruet, Sœur hospitalière.	1.900	»
Les Dames hospitalières, par différentes quêtes faites entre elles à différentes époques, ont donné	1.225	35
M. Bouillard, ancien aumônier.	900	»
M. Garon, ancien aumônier	1.000	»
Mme Duingle, hospitalière décédée.	1.000	»
Mme Bailly, hospitalière décédée.	900	»
Mme Guillon, hospitalière décédée	400	»
Mme Augustin, hospitalière décédée	300	»
Magdeleine Mélinon, domestique à l'hôpital.	100	»
Jeanne Deborde, domestique à l'hôpital . .	40	»
Les autres domestiques de la maison. . . .	40	»
Mme Chaumont, Mme Guillon ont versé en différentes fois 382 fr. 25, provenant de petits dons faits par les visiteurs de l'hôpital et recueillis dans les salles	382	85
M. Robat, docteur en médecine, membre de la Commission.	140	»
M. Philippe, négociant à Beaujeu.	125	»
Jeannette Gonin, ancienne domestique de M. Guillot.	110	»
M. de Chenelette.	100	»
M. Philibert Michaudon, des Ardillats . . .	100	»
Mgr de Lacroix, archevêque d'Auch	100	»
Mme veuve Janson Colimbert.	100	»
M. Trichard, négociant à Saint-Didier . . .	80	»
A reporter	9.043	20

Report	9.043	20
M. Antoine Michaud, cadet, défunt	60	»
M. Chanrion, Claude-Marie, aumônier. . .	50	»
M. Couderc, ancien administrateur	50	»
M. le curé de Beaujeu (Charrondière) . . .	50	»
Mme Fayet, de Lyon.	50	»
M. Julien Santallier, l'un des administrateurs.	50	»
Mme de Vaublanc.	30	»
Mme veuve Gambin-Dugendre.	30	»
Mlle Robat.	30	»
M. Poncet, grand-vicaire de Belley	25	»
Mme Janson, Marie	20	»
Mme Adèle Julien, de Trévoux.	20	»
M. Rampon, de Beaujeu, curé de Pensacola.	100	»

Total des dons de 20 fr. et au-dessus. . 9.608 20

Quêtes dans les comunes (*sic*) :
Avenas, 1 50. — Azolette, 60 fr. — Aigueperse, 63 50. — Ardillats, 18 fr. — Beaujeu,
1.873 50. — Claveizolle, 171 15. — Chénas,
34 95. — Cheroubles, 70 fr. — Clément
(Saint), 10 fr. — Christophe (Saint) la Montagne, 41 fr. — Emeringe, 13 50. — Fleurie,
25 fr. — Didier (Saint), 96 fr. — Jacques
(Saint) et Saint-Mamert, 10 fr. — Julié, 12 fr.
— Juliénas, 29 05. — Monsol, 143 95. —
Ouroux, 24 fr. — Poule, 43 fr. — Propière,
55 fr. — Thel, 10 fr. — Quincié, 127 fr. —
Saint-Igny de Vers, 168 fr. — Veaurenard
(*sic*), 21 50. — Vernay, 5 25. — Villié, 314 10.
— Mme la Supérieure a payé de son avoir tout
le surplus, 2.452 80. — Total. 15.503 95

Ces sommes ont été payées de huitaine en huitaine, au fur et à mesure des travaux ; les quittances ont toutes été soumises à la Commission, qui se plaît à rendre justice à l'intelligence de Mme la Supérieure qui a dirigé et tout surveillé. — SANTALLIER, Em. GINDRE, SANTALLIER, ROBAT, VIALLET, président.

18°

Pièces diverses

I

Copie de mandement de Me Robert Delafont, contre Thomas Delaval

Hugues Charreton, sieur de la Terrière, juge ordinaire de la terre et segnorie d'Allognet et Coux pour le sieur dudict lieu, à nostre premier sergent ordinaire sur ce requis, salut. A la requeste de Me Robert Delafont, notaire, jadis fermier et amodiateur de ladicte segnorie d'Alognet et Coux, disant que Me Claude Perrachon, prebstre de Jullié, a acquis de feu Pierre du Teil héritier de La Carrelle d'Oroux, une terre, appartenance du font Saint-Martin, au pris de neufz livres tournois ; et despuys ledict Perrachon l'a vendu à Thomas Delaval dudict Oroux, audict pris de neufz livres, mouvante des cens et servis dudict Alloignet, pour laquelle vente les loudz sont deuz audict Delafont à raison de troys solz quatre deniers par livres, montans lesdictz loudz pour lesdictes deux ventes la somme de troys livres tournois ; et combien que ledict Delafont auroit sommé et requis ledict Delaval luy poyer lesdicts troys livres per lesdictz loudz, a refuzé requérant provision. Pour quoy nous vous mandons et comman-

dons en commectant par cestes faire commandement audict
Thomas Delaval à estre et comparoir par devant, à Oroux,
par devant nous ou nostre lieutenant, à jour certain et
compétent, à certiffier heure de court, dire ses causes
d'opposition et procéder ensemble comme de raison avec
inthimation. Donné soubz l'esmolument du seel de nostre
court le premier jor de septambre l'an mil cinq cens
soixante et unze. — Coppié, BILLE.

II

**Requeste et permission pour obtenir lettres monitoires contre
tous détempteurs des deux domaines d'Oroux**

*A Monsieur, Monsieur le lieutenant civil et criminel de
Beaujeu et ressortz pour mademoiselle duchesse de
Monpencyer, dame et baronne de Beaujolloys.*

Supplie humblement sieur Loys d'Aigueperse marchant,
bourgeois de Beaujeu, et vous remonstre qu'à luy compette
et apartient deux domayne situé en la parroisse d'Ouroux,
desquelz plusieurs terre, vassible deppendent ainsi que
boys d'haulte fustaye et taillis ; desquelz heritaiges plusieurs
personnes a l'insceu du supplyant labourent, cultivent et
couppe et perçoivent les fruictz, ne pouvant le supplyant
justiffier de la propriété de sesdictz fondz, parce que ceulx
que s'intromettent ez fondz desdictz domayne sont saisis
des enseignemens concernant lesdictes propriettés et
sçavent où sont les pappiers, de plus deffendent aux personnes que sçavent lesdictz fondz en terre desdictz
domayne de le révéler et le dire en justice, ores que le
supplyant le en ay prié ; si que il a esté conseillé de se
pourvoyr par lettre monitoyre, pour le faire publier aux
lieux que sera de besoing, craignant qu'elles ne luy soyent

accordées sans sur ce avoir permition de vous monsieur,
qu'est pourquoy il se pourvoye à ce qu'il vous plaise,
monsieur, sur l'affirmation que faict par cestes le
supplyant qu'il ne peult avoyr preuve de jouyr de ses
fondz en propriété que par le moyen desdictes lettres,
permettre le court desdictes lettre monitoyres dans vos
destroictz; ce faisant le supplyant se pourvoyra en apprès
par devant vous, ainsy et suyvant les déclarations qu'il
pourra avoyr, et ferez justice. — L. D'AIGUEPERSE, JAN-
DARD pour le supplyant.

Permis d'informé et lettres monitoires octroyer ce
V aoust 1619. — MASNIER.

III

**Lettre de Mr Bézuchet pour les servis deus à Ouroux par l'hôpital
de Beaujeu à la rente du Prince**

A Villefranche, ce 23 juin 1721.

Je crois, mon cher Galland, que vous aprendrés avec
plaisir que je commence à être un peu plus clairvoiant
que je n'étois, et l'on me flatte que cela augmentera de
jour à autre. Dieu le veuille ! pour que j'aye le plaisir de
vous voir à mon aise et de bien connoître la couleur du
délicieux jus de Brouillé, dont j'ay fort envie de boire
l'année prochaine, au cas qu'il soit bon. Ainsi j'en retiens
par avance une botte.

Mr Pesant, qui vous rendera ma lettre, a été chargé de
la rénovation du terrier d'Ouroux; il va exprès à Beaujeu
pour vous faire signer la reconnoissance qui concerne
votre hôpital, ne doutant pas qu'elle n'ayt été faite dans la
forme quelle doit être; il faut seulement la mettre sous le
nom d'un homme vivant et mourant, à moins que vous ne

stipuliés une indemnité tous les trente ans, que je veux
bien modérer en faveur des pauvres à la somme de
3o livres, outre la redevance. Par la suite, je ferai en sorte
de vous faire affranchir ces sortes de fonds. Voilà, mon
cher Galland, ce qu'il convient de faire, à ce que je crois,
pour cette reconnaissance, pour éviter une demande en
justice que le commissaire ne pouroit se dispenser de
faire, parce qu'il est obligé de remettre son ouvrage fait
et parfait dans le mois d'août prochain. L'on peut adjou-
ter à cette reconnoissance que l'indemnité a été fixée à la
somme de 3o livres, de mon consentement ou sur mon
avis.

L'amy doyen partit hier sans me voir; j'avais préparé
trois nouveaux *Mercures* pour vous remettre, mais je les
enverray par le s^r Barron, mon commis.

A Dieu, mon cher Galland, personne n'est avec un
plus sincère attachement que je le suis tout à vous. —
BÉSUCHET.

IV

Prix faict de différentes réparations

Honn. Anthoine Carrige, marchant et bourgeois de
Beaujeu, procureur des pouvres de l'hospital dudict lieu,
et Guillaume Boycy, perreyeur demeurant audict lieu,
sçachantz, ont faict et font les patz suyvans, sçavoir que
ledict Boysy a promis de mettre deux belles grandz
pierres qui serviront de degré, qu'il mettra à l'entrée de la
maison dudict hospital, et adjoignant le coin de la
chappelle, qu'il lèvera de l'autheur d'ung grand pied, et
paver avec pierre, au près dudict degré, jusques là où
une chanal de bois gette l'eaue hors les ticulles de l'avant
dudict hospital, et de la largeur de trois piedz, et de la

longueur de quatre piedz. Item fera une muraille qui prandra au coing de la muraille de la maison dudict hospital où demeure l'hospitalière, et la poursuivra jusques au puis, de l'autheur de sept piedz ; haucera la margelle du puis de l'auteur d'ung pied, et haucera la muraille du puis de deux piedz, et lèvera de mesmes hauteur la pièce de bois y estant. Plus fera des retraictz où lesdictz pauvres pourront faire leurs nécessités, qu'il fera au coing du grand hospital du costé de matin. Fera les murailles de l'espéceur de deux piedz, et de l'hauteur de la fenestre de pierre de taille y estant ; et le tout ce fera avec chaux et arcyne bien et deuement ; y mettra trois sièges, et les murailles seront de quatre piedz de largeur et de huict piedz de longueur ; couvrira avec tieulles lesdictz retraictz, et mectra les chevrons et potz y neccessaires, faira une porte de pierre de taille, et la pourte se fera de potz de sappin double dans la muraille dudict grand hospital, pour entrer dans lesdictz retraictz, qu'il agencera avec gondz, esparres et ferratz bien deuement, lesquelz grandz[1] esparres et ferratz ledict Carrige luy fournira. Et aussy fera ledit Boycy ung planchier ausdictz retraictz. Item fera une thoison que ce commancera au dessus du puis, et la continuera au trevers desdictz retraictz, et la pour-suyvra jusques dans un grand fossé, qui est au coingt de la terre dudict hospital et adjoignant la terre des hoiers (sic) Jehan Bochier. Laquelle toyson il fera passer au long de la closture du jardin dudict hospital ; et fera ladicte thoyson de la largeur et hauteur d'ung pied et demy, pour y faire passer le ruisseau illec affluant pour nettoier les immundicités desdictz retraictz. Et ladicte thoison se

___

[1] Il faudrait *gondz*, comme ci-dessus où il avait aussi écrit en pre-mier lieu *grandz*,

fera avec chaulx et areyne et avec belles grandz pierres par dessoubz. Item nettoiera la nault de dessus le grand hospital. Item rabillera les murailles dudict grand hospital, du costé du jardin, avec millouz, chaux et areyne. Item sera tenu de racoustrer une muraille rompue en la grange du pré de l'hospital, recouvrir icelle, et aussy recouvrir les deux maisons de la Maladière, et le tout sera rendu faict dans la prochaine feste Saint-Michel. Et moiennant ce, ledict Carrige luy baillera la somme de vingt escus, payable à ratte de la besoigne que ledict Boicy fera ; et a receu de ladicte somme réaulment cinq escus deux tiers d'aultre · qui ont promis par serment et obligations de tous leurs biens, mesmes du propre corps dudict Boycy, le tout bien et deuement observer à la forme susdicte, à peyne de tous despens, dhommaiges et intérestz, se soubmectans, etc., renoncens. Faict à Beaujeu, le xxv° juillet mil v° soixante-dix-neufz, présens messire Thomas Jardin, prebstre, vicaire dudict Beaujeu, et Pierre Méra de Rignié, tesmoingz, qui n'a signé, ny ledict Boissy pour ne sçavoir escripre, ains ont signé lesdictz Carrige et Jardin à la cedde. Pour les poures dudict Beaujeu, A. TIBAUT.

Ce 6° jour d'aoust 1579, j'ay donner à la femme deudit Boysy III livres en déduction de la tâche sus récrite ; ledit Boysy et (est) poier de tout le priffet sur récrit, comme aper per trois quitenses. Je le quite les trois livres sur récrites per récompense deudit priffet.

(Ce paragraphe a été bâtonné.)

Ledict Boissy confesse avoir heu et receu dudict Carrige présent la somme de quatorze escuz et tierz, faisant entier poyement du priffaict susdict, lequel il promet parachever à la forme d'icelluy, avec promesses et clauses. Faict ce troiziesme mars mil cinq cens quatre vingtz et ung, botique du soubzsigné, après midy. Présens Claude de Dortens et Benoist des Raisses, des Ardillatz, tesmoingtz.

V

Ordonnance concernant les réparations de l'hostel-Dieu de Beaujeu

Extrait des actes et registres de la prévosté et judicature ordinayre de Beaujeu

Aujourd'huy dix-neufviesme jour du moys de febvrier mil six cens seize, sur la réquisition faicte à nous, Francoys de Bussières, docteur ès droictz, prévost et juge ordinayre civil et criminel de Beaujeu, annexes et ressortz, pour Madamoyzelle la duchesse de Montpencyer, dame et baronne de ce pays de Beaujolloys, par sieur Pierre Jacquet et sieur Loys Daygueperse, recteurs de l'hostel-Dieu dudict Beaujeu, a esté faict par nous, juge susdict, [visite] de la chapelle Nostre-Dame dudict Hostel-Dieu, en la présence de maistre Anthoyne Thibault, procureur fiscal en la présente jurisdiction, et encores de maistre Claude Cartier, l'ung des eschevins dudict Beaujeu, maistre Symon Bleton, Claude Dubost, Jehan Goysset, Jacques Dubost et aultres habitans dudict Beaujeu, où a esté trouvé nécessayre fayre fayre ung tapis et deulx nappes sur l'autel de ladicte chapelle, ung parement audevant ledict autel avec ung chasye boys pour tendre ledict parément, fayre racommoder les deulx pettis coffres estans audevant ledict autel et les fayre fermer à clefz; raccommoder le grand banc estans dans le naifz de ladicte chapelle, fayre poser une barrière qui est au bas des desgré de la salle dudict Hosteil-Dieu, fayre raccommoder la chasuble de satin blanc et l'aube, estans dans ladicte chapelle, et fayre fayre ung amict de thoille ; achepter des chanestes d'estain et ung misel pour ladicte chappelle. Ce que tout ayant esté treuvés nécessayres par les sus-nommez, et à la réquisition desdictz sieurs procureur fiscal et recteurs, nous, prévost et juge susdict, avons ordonné estre faict par ledict recteur, à la charge de le mettre en son compte. Faict les an et jour que dessus. — Signé : DE BUSSIÈRES juge, et CARRIGE greffier.

CARRIGE, greffier.

Receu dudict sieur Jacquet pour la présente expédition dix solz, et deulx solz pour le vin du clair.

VI

Projet de supplique

A Monsieur, monsieur le baillif de Beaujollois ou monsieur vostre lieutenant

Supplyent humblement les sieurs consulz et recteurs de l'Hostel-Dieu de Beaujeu, disantz que, quoyque lesdictz consulz ayent observés les ordres du Roy et celles de mon-seigneur le gouverneur, soit pour le logement des gens de guerre, imposition de tailles qu'autres, et lesdictz recteurs [ayent] administré, autant qu'il leurs a esté possible, le revenu temporel dudict Hostel-Dieu, néantmoins sieur Benoist de Nivières, pourveu despuis peu de l'office de juge dudict lieu, en hayne de ce que les supplians ont eu diverses difficultés avec luy, seroit allé, la canne à la main, le chapeau garni de rubans de diverses coleurs, en diverses maisons des habitans de ce lieu, les auroit solli-cité de eulx venir plaindre à luy, supposant qu'ilz ont estés mal traictés et surchargés, soit de tailles et gens de

guerre, et que le revenu temporel dudict Hostel-Dieu a
esté mal administré. Et par effect ledict sieur de Nivière
se jacte qu'il a ouy plusieurs habitans et commis le nommé
Delaurent, concierge des prisons dudict Beaujeu, pour
greffier, ne s'estant voulu servir de Me Ducreux greffier ;
et d'autant que telle proceddure est extraordinaire, faicte
par passion par ledict sieur de Nivières, ennemi des
supplians, subject qu'ilz recourent à vous.

A ce qu'il vous plaise, Monsieur, attendu ce que dessus,
et que les supplians ont lieu diverses querelles avec ledict
de Nivière, luy faire deffences de cognoistre des choses
qui conserneront lesdictz supplians, lesquelz n'empeschent
que, sy il y a quelques personnes qui se veulent plaindre
d'eux, ne se pourvoy par devant vous ou autre que ledict
Nivières : par devant lesquelz lesdictz supplians feront
veoir qu'ilz n'ont jamais deslinqué en leurs charge, et
proteste d'avoir réparation de la calomnieuse accusation
par ledict Nivières.

Nota. — Ce dernier paragraphe a été effacé par les
auteurs et remplacé par le suivant.

A ce qu'il vous plaise, Monsieur, attendu ce que
dessus, et qu'il ne seroit juste que les supplians pro-
ceddassent par devant ledict sieur de Nivières, il vous
plaise luy faire défences de cognoistre des instances qu'ilz
auront pendant en la justice de Beaujeu, soit en deman-
dant ou défendant, à peyne de faux et de tous despens,
dommages et intérestz en cas de contraventions, veu que
les moyens proposés sont plus que suffizans pour estres
récusés, mesme au particulier dudict Carrige avec lequel
il a procès, et ferés justice.

VII

Estat des messes (vers 1740) fondées à l'hôpital de Beaujeu

Sixième avril de chacque année, une messe basse fondée par Messire Philibert Barjot, chanoine de l'Églize collé-gialle du château de Beaujeu, par le legs de 100 livres fait dans son testament olographe du 16 avril 1670, lesquelles 100 livres sont deues par la demoiselle veuve Charrier et le sieur Dabry son gendre, suivant l'acte du 29ᵉ février 1688 et les pièces y-jointes (qui sont sous le n° *xii* de la liasse cottée OO).

Une messe tous les lundys de l'année avec un *de pro-fundis* à la fin d'icelle, à laquelle aussy bien qu'au *de profundis* les Sœurs étans à la maison seront tenues d'assister, autant qu'il leur sera possible, comme encore les dites sœurs sont tenues de dire tous les soirs un *de profundis* à la même intention ; le tout fondé par messire Jean Olivier, prêtre, chanoine dudit Beaujeu, dans la donation par luy faite à l'hôpital d'une somme de 6.000 livres, par acte du 27 novembre 1705, receue Brac (dont l'expédition est sous le n° *xxiiii* de la liasse cottée A de l'inventaire fait en 1737).

Une messe basse tous les mécredys de l'année, fondée par sᵣ François Fadoux, marchand de Beaujeu, par son testament receu Rolet en datte du 19 février 1712, par où il donna pour cela mil livres à la maison (ledit testa-ment sous le n° . . . de la liasse).

Tous les premiers vendredys de chacque mois une messe basse, où les Sœurs sont obligées d'assister, et même d'avertir les malades pour qu'ils puissent prier pour le fondateur, fondées par Mᵣₑ Jean Chrisostôme

Reverchon, curé de la parroisse de Rignyé, par son testament du 5 mars 1715, receu Pressavin notaire royal (qui est sous le n° *xxii* de la liasse cottée A de l'inventaire fait en 1737), par où il avoit fait l'hôpital son héritier.

L'on croids devoir, sur cette fondation, faire les annotations suivantes : 1° cette hoirye a été chargée de la nourriture et entretien d'un frère et d'une sœur que ce curé avoit, ou d'une pension de cinquante écus chacun pendant leur vie. Ce frère et cette sœur tomboint presque tous les ans en démence d'une façon qu'il falloit les fermer. Il a fallu les entretenir dans cet état pendant près de vingt ans. 2° Elle étoit chargée de trois legs de 800 livres chacun, composans 2.400 livres, qu'il a fallu payer suivant qu'il est énoncé dans l'*Extrait bref* fait par Mr Galand en 1718, et par les quittances (qui sont sous le n° 1 de la liasse KK de l'inventaire fait en 1737). 3° Il n'y avoit aucun immeuble dans cette hoirye, et il y a eu beaucoup des debtes actives qui la composoint de remboursées en billetz. Et enfin il est certain que, les legs et charges acquittés et les remboursementz qu'on en a fait en billetz de banque déduitz, il n'en reste pas un sol de fond à l'hôpital.

Le vendredy et samedy avant le dimanche *Lœtare*, une messe chacun desdicts jours, fondées par la veuve de sieur Guillaume Cropet, ainsy qu'il est écript dans un vieux mémoire en parchemin, de l'année 1547, où il est fait mention qu'en 1380 elle avoit donné une partye d'une vigne scituée aux Estoux, appellée de l'*Hôpital* (ledit acte sous le n° *ij* de la liasse cottée B de l'inventaire de 1737).

Vingt messes par an sans désignation de jour, fondées par M^{re} [Pierre Depheline], seigneur de Ruyères, conseiller du Roy et de Son A. S. Mgr le duc d'Orléans, assesseur criminel au baillage de Villefranche et élu pour le roy en l'élection dudit lieu, par son testament du 21 octobre 1721 (1ᵉʳ octobre à l'inventaire de 1737), receu... notaire royal, qui contient à cet effect un legs de 2.000 livres au proffit des pauvres (ledit testament sous le n° 17 de la liasse cottée A, de l'inventaire fait en 1737).

Cinq messes par an la veille de chacque feste Nostre-Dame, à commancer par l'Assomption, fondées par Moyze François Rochard, de Vernay, dans son testament du 27 novembre 1709, receu Rolet, où il donne 100 livres pour cela (ledit testament sous le n° xiiij de la liasse cottée A de l'inventaire fait en 1737).

Une messe à diacre et sous diacre le 15 de juin de chacque année, fondée par sʳ Guy Durieu, bourgeois de Quincyé, par son testament du [5 juin 1730], receu...., où il a donné à cet effect cent écus une fois payés (ledit testament sous le n° ... de la liasse cottée ... de l'inventaire fait en 1737).

(Tiré d'un cahier manuscrit intitulé : *Extrait bref des titres de l'hôpital de Beaujeu.*)

TABLE DES MATIÈRES

CORRECTIONS

Page 40, ligne 10 et note ligne 6, *au lieu de :* d'Auglure, *lisez :* d'Anglure.

Page 51, note ligne 1, *au lieu de :* n° 17, *lisez :* n° 16, p. 161.

Page 59, note ligne 2, *au lieu de :* n° 18, *lisez :* n° 17.

Page 70, lignes 2, 4, 11, *au lieu de :* matelas, *lisez :* coulte ; ligne 9, *au lieu de :* matelas peint, *lisez :* courte-pointe.

Page 71, note lignes 6 et 7, *supprimez* les deux parenthèses.

Page 93, au titre, *au lieu de :* l'hospice, *lisez :* l'Hôtel-Dieu.

Angers, imp. Germain et G. Grassin. — 1577-0.

.